초보 사장이 꼭 알아야 할
유통 마케팅의 비밀

김영호 지음

유통만 알아도
돈이 보인다

답선북

상품 하나로
새로운 타운에
도전하라

대한민국 유통(오프라인 시장 + 온라인 시장)에서 거래되는 금액이 약 160
조 원이다. 올해는 소매업 전체 매출이 170조 원을 상회할 것으로 예
상된다. 그런데 이 큰 시장을 안내해 주는 적합한 교재가 없다. 우리나
라 유통의 규모는 나날이 커지는데 제대로 된 유통을 가르치는 곳이
없다는 것은 무엇을 의미하는가. 그만큼 유통 마케팅 분야가 성장 가
능성은 높으나 자생적으로 산업을 상향시키기 위한 지적활동은 상당
히 소홀하다는 것을 의미한다.

　1984년은 내가 유통업계에 첫 발을 들여놓은 해이다. 26년의 '도

전과 응전'의 유통 인생을 책 속에 담고자 했다. 대한민국뿐만 아니라 전 세계를 대상으로 유통전쟁을 준비하는 유통 후배들에게는 그들과 싸울 강력한 무기 같은 살아있는 정보를 드릴 것이며, 소규모 기업 대표에게는 사업상의 실수나 실패를 줄여줄 아주 귀중한 정보가 될 것이며, 나 자신에게는 질적으로 많이 고양된 유통 마케팅 전략수립을 위한 반성의 시간이 될 것이다.

창업해서 3년 이내 약 80퍼센트의 회사가 망한다고 한다. 살아남은 20퍼센트의 회사도 5년이 지나면 80퍼센트 정도가 없어진다고 한다. 그만큼 창업하는 것보다 수성守城이 힘들다는 이야기다. 내가 운영하는 '김영호유통컨설팅'은 창업한 지 11년이 되었다. 그동안 사명社名을 세 번이나 바꾸면서 그야말로 끈덕지게 살아남았다. 남에게 피해주지 않고, 나보다는 우리를 위한 콘텐츠를 만들면서 살았다. 유통현장에서 쌓아온 경험과 회사를 직접 운영하면서 경험한 것들을 이제 풀어놓으려 한다.

중소기업의 경영 노하우, 매장 운영의 보이지 않는 고객 유인 방법, 너나없이 대박의 신기루를 쫓아 시작하는 인터넷 쇼핑몰 사업, 홍보비 1원 하나 사용하지 않고 언론에 250여 회 나올 수 있었던 노하우, 납품만 하면 어느 정도 수익을 기대했던 카탈로그 통신판매 사업 등 유통의 현장감을 제대로 느낄 수 있을 것이다.

- 왜 국내 CEO는 외국 석학의 말만 들으려 할까?
- 왜 현장이 중요하다면서 실무자를 무시하고 박사 말만 믿으려

할까?

- 왜 국내 자료는 믿지 않고, 외국자료만 믿으려 할까?
- 왜 삼성을 뛰어 넘지 못하는가?
- 왜 부동산으로만 돈을 벌려 할까?
- 왜 고위공직자에서 낙마하는 사람들 대부분이 편법 부동산 때문일까?
- 왜 일류기업에 종사하는 직원은 일류사원이라고 생각할까?
- 왜 우리나라는 사농공상 순서로 보이지 않는 등급을 매길까?

끝이 없는 질문이 꼬리에 꼬리를 문다. 내 인생은 '왜'라는 의문사로 시작된 삶이다. 아주 어렸을 적부터 지금까지도 기존 고정관념에 대한 도전의 일생이다. 세상의 모든 고정관념에 도전하고 싶다. 세상은 도전하는 사람을 원한다. 도전하는 삶은 힘들다. 안주하고 싶은 것이 모든 사람의 속성이다. 그렇지만 삶이 허락하는 날까지 새로운 것을 추구하는 삶이 멋지지 않은가.

이 책을 통해 한 개의 조그만 상품이 만들어내는 새로운 세상을 미리 만나 보시기 바란다. 상품 하나로 멋진 도시가 생겨날 수 있는 세상이다. 가장 최근의 대표적인 사례가 바로 애플의 '아이팟iPod' 아닌가. 이 상품 하나가 만들어내는 새로운 문화를 보면서, 우리나라에서도 멋진 히트상품 영웅이 곧 탄생하리라 믿는다.

대부분의 초보 사장은 마케터이기도 하고 기획자, 자금관리자이기도 하고 그 외에 여러 가지 역할을 하고 있다. 회사의 중심인 사장이

지덕체를 갖추고 시장에 나간다면 어떤 상황에서도 앞으로 나아갈 수 있다. 시장을 장악할 수 있는 개인 혹은 조직을 짧은 시간 내에 장악할 수 있는 절대 우위의 힘을 드리고 싶다. 초보 사장이라면 오프라인의 매장관리부터 온라인의 인터넷을 이용한 비즈니스까지 온·오프라인을 종횡무진 할 수 있어야 한다. 뿌리(기본)가 튼튼해야 바람(외풍)에 아니 흔들릴 것이다.

시장을 장악할 수 있는 초보 사장의 기본기는 우선 "항상 마음이 따뜻해야 한다"는 것이다. 업무진행 시 맞닥뜨리는 난제의 해법은 '사람'을 통해 해결된다는 것과 계산기와 같은 천편일률적인 거래선 마진적용과 운용방식은 사람이 아니라 기계가 대신할 수 있다는 사실도 아울러 잊지 말기를 충고하고 싶다. 잔머리에 능통해서 '아부의 달인'보다는 한 발 늦게 가더라도 따뜻한 인간이 먼저 되길 바란다. 또한 우리나라에는 세계적인 CEO가 많이 배출되어야 하며, 이를 위해 세계 유통을 꿈꾸는 비전을 갖춘 후배 CEO가 많이 배출되기를 바란다. 또한 현재 근무하는 직장에서 최고경영자 수준까지 올라가 평소 품었던 야망을 실천하는 힘 있는 젊은 CEO가 계속해서 배출되기를 기원한다.

- 신세계, 롯데, 현대 중 어느 백화점이 일등이 될 것인가?
- 이마트, 홈플러스, 롯데마트 중 어느 할인점이 리딩컴퍼니가 될까?
- GS홈쇼핑, CJ오쇼핑 중 어느 홈쇼핑이 강자가 될 것인가?

- 날로 성장하는 오픈마켓의 미래는 어떤 모습일까?
- 1만 개가 넘은 국내 편의점의 1등 업체는 누가 될 것인가?
- 점점 커지고 있는 기업체 B2B 시장은 누가 장악할 것인가?
- 우리나라 명품 아웃렛 시장은 어떤 형태로 전개될 것인가?
- 21세기형 전통시장(재래시장)은 어떤 모습으로 다가올 것인가?
- 점점 위축되어 가고 있는 동네 슈퍼마켓의 부활은 가능할까?
- 쇼핑 대신에 나타나고 있는 몰링은 어떤 형태로 우리에게 다가올 것인가?
- 전 세계를 상대로 비즈니스를 하려면 무엇을 어떻게 준비를 해야 할까?

이러한 질문에 대한 답은 유통현장에서 오늘도 땀 흘리며 열심히 일하고 있는 당신이 쥐고 있다. 이 책을 읽는 독자에게 당부 드리고 싶은 사항은 우리나라에서 가장 높은 벽이라 할 수 있는 일류기업 '삼성'을 뛰어 넘도록 목표를 높게 잡으라고 권하고 싶다. 만약 당신이 '삼성'을 뛰어 넘지 못한다면 세계 그 어떤 기업과도 대결할 수 없을 것이다.

지금까지 살아오면서 느꼈던 여러 가지 의문들, 그 의문을 쫓아 방황했던 수많은 밤들, 회사생활을 하면서 어느 정도 사업의 대부분을 다 배우고 나왔다고 생각했던 것이 너무나 어리고 건방졌던 생각이었음을 바로 알기까지의 괴로웠던 시간들을 모아 이 책에 녹여냈다.

개인적으로 대한민국이 세계적인 유통 강국으로 거듭나는 밑거

름이 된다면 더 이상의 기쁨이 없겠다. 큰 그릇의 시장을 만들어가는 일류 마케터, 정도正道의 유통, 세계 속의 유통 한국을 기원하며 책의 서문에 대신한다. 그동안 나의 정신적 지주, 부모님이신 김광조 님, 김명주 님 두 분 이름에 무한한 영광을 돌리고 싶다. 곁에서 오래도록 지켜봐주시기를 간절히 바란다.

C O N T E N T S

CHAPTER 4
라인업이 살아야 오래 간다

CHAPTER 1

retail
marketing

한눈에 보는
유통의 흐름

세상이 너무 빨리 변하다 보니 대부분의 사람들이
자신의 정체성에서 많이 흔들리는 모습을 보이고 있
다. 사업을 하는 당신도 하루 종일 열심히 일을 하는
데, 성과가 없어 보인다. 그래서 남들이 좋다는 새로
운 제도 혹은 시스템을 도입하려 한다. 그렇지만 새
로운 제도 도입보다 중요한 것은 자체 시스템 구축
이 먼저라는 점, 그리고 시스템 구축보다 '업의 개념'
을 세우는 것이 더 먼저라는 점을 절대 잊어서는 안
된다. '업의 개념'은 그 시대의 문화와 트렌드 그리고
경영주의 정신까지 녹여내서 만들어야 한다.

당신 사업의
'업'은 무엇인가

**당신이 사업을 하기 전에 반드시 해야 할 첫 번째 행동은
'업'의 개념을 정립하는 일이다.**

시장을 장악할 수 있는 능력을 지닌 기업가가 갖추어야 할 첫 번째 자질 중 하나는 자신이 운영하는 사업의 개념을 정확히 정의하고 시작하는 것이다. 이를 '업業'의 개념이라 한다. 업의 개념은 21세기 경영의 핵심이다. 세상이 복잡해지면서 단일 업의 개념은 점점 사라지고 있다. 예를 들어 백화점이라는 사업의 '업'의 개념은 무엇인가? 다음에 나오는 사례를 보면서 '업'의 개념을 살펴보자.

1985년, 서울의 노른자위 삼성동에 위치한 '코엑스'를 건설 중에 있는 업체에서 신세계백화점에 입점을 권유했던 일이 있었다(이 당시까지 신세계백화점은 삼성그룹 산하 계열사였다). 그때 당시 신세계백화점은 고속터미널에 강남점을 추진 중이어서 지리적으로 중복을 피한다는 이유였는지 신세계는 이 매혹적인 제안을 거부했었다. 이 소식을 나중에 들은 삼성그룹의 이건희 전 회장은 탄식과 함께 '업'의 개념에 대해 더 생각토록 하명했다는 후문이 있다.

1985년 신세계는 과연 무엇이 문제였는가? 늦었지만 바로 백화점 업의 개념을 파악한 신세계는 1998년 IMF 시절, 당시 미국의 코스트코와 함께 가졌던 '프라이스클럽'의 지분을 모두 처분하고 전국 요지의 땅 매입에 나서게 된다. 지금 이마트가 부동의 1위가 될 수 있었던 선견지명은 바로 이때 결정되었다. 바로 '업의 개념'을 정확히 파악한 후의 일이다.

반면에 우리나라에서 유통사업의 개념을 가장 먼저 간파한 회사는 '뉴코아'였다. 기존 매장이 있는 건물을 담보로 은행 등 금융권으로부터 자금을 마련하여 전국의 백화점 부지를 무리하게 매입하기 시작했다. 전국 주요 지점의 부동산을 거의 싹쓸이하듯이 땅에 투자를 하게 된다. 그렇지만 그렇게 잘 나가던 뉴코아는 IMF와 함께 자금난으로 무너져버린다.

1997년 뉴코아에게는 무엇이 문제였는가?

"인텔은 앞으로 반도체 회사가 아닌 가전업체다." 인텔의 CEO인 폴 오텔리니가 세계 최대 가전전시회인 '2006 CES'에서 표방한 목표다. 컴퓨터 마이크로프로세서 칩을 개발하는 데 주력했던 전략을 바꿔 소비자가전·무선통신·의료부문 등으로 사업을 다각화하겠다는 것이다. 반도체 칩만 팔아서는 과거의 영광을 지속시킬 수 없다는 위기감 때문이다. 이 때문에 오텔리니는 창업자인 앤디 그로브가 37년간 사용해 온 로고 '인텔 인사이드^{Intel Inside}'와 기업의 모토까지 버렸다. 홈 네트워크 시장을 선점하기 위해 항상 견제를 해왔던 마이크로소프트와도 손을 잡았다.

CEO가 사업의 방향을 바꿀 수 있는 것은 '업'의 개념을 어떻게 해석하느냐에 따라 완전히 다른 사업으로 진출할 수 있다는 것을 의미한다.

라이프스타일이 바뀌어버린 독일의 연금생활자는 매일 아침 8시 50분, 집에서 30여 분 떨어진 이케아 매장에 나가는 것으로 하루 일과를 시작한다. 왜 그는 매일 아침 이케아를 찾을까. 이케아에서는 푸짐한 아침식사를 아주 저렴한 가격으로 제공하고 있기 때문이다. 가구점에서 우리 돈으로 단돈 2,400원이면 두 개의 갓 구운 큼직한 빵과 버터, 먹음직스러운 치즈 세 장에 훈제 연어까지. 뷔페 접시는 금세 푸짐한 먹을거리들로 가득 찬다. 따끈한 커피는 무제한 리필이 된다. 이 연금생활자는 이제 이곳에서 하루의 절반을 보낸다. 이것이 최근 독일 전역에서 흔히 볼 수 있는 풍경이다.

즉, 2차 산업(제조업)이지만 3차 산업(서비스업)과 같은 차별화된 서비스·마케팅 전략으로 '2.5차 산업'으로 업그레이드된 경우다. '이케아'는 이제 연금생활자, 젊은이들, 저소득 임금 노동자들의 '웰빙 센터'가 되어가고 있다. '이케아'가 아니라 이제 '이케아#'으로 불러야 하는 문화현상이 나타나고 있는 중이다.

그렇다면 이케아는 가구를 파는 회사가 아닌가?

기업을 만들고 점점 규모를 키워나가면서 점검해야 할 사항 중에서 기본 중의 기본은 흔들려서는 안 되는 원칙을 세우는 일이다. 기업을 운영하고 성장시키는 기업 존재의 의의를 종업원과 함께 공유하고 '업'의 개념을 다시 내려라. 세계의 일류기업은 21세기형 '업'의 개념을 다시 써 내려가고 있는 중이다.

점선면만 제대로 알아도
실패하지 않는다

**21세기형 마케팅은 새로운 시장을 만들어
새로운 수익을 만들어가는 아트다.**

누구나 히트상품 하나 만들어 큰 부자가 되기를 희망한다. 이 세상에 부자가 되고 싶지 않은 사람은 없을 것이다. 그렇다면 큰돈을 벌기 위해서는 어떻게 해야 할까? 어떤 사람은 부동산 사업으로, 또 어떤 사람은 주식에 투자하여 돈을 많이 벌어, 책도 쓰고 호위호식을 한다. 그렇다면 전 세계 부자들은 무엇을 통해 돈을 벌었을까? 거의 모든 세계적 부호들은 사업을 통해서 돈을 벌었다. 그렇다면 사업을 해야 하는

데, 어떤 사업을 어떻게 해야 돈을 많이 벌 수 있을까? 이것이 대부분의 사람이 궁금해하는 점이다. 수많은 책이나 이미 성공한 사람들이 제시하는 대로 막상 사업을 하려면 왜 잘 되지 않는 것일까?

　세상은 점점 더 빨리 변하고 있으며 소비자들도 더 빠르게 움직이고 있다. 빠르게 바뀌는 소비자들의 움직임을 한 보라도 먼저 알아내는 것이 사업에 뛰어들려고 마음먹거나 이미 사업에 뛰어든 당신이 해야 할 일이다. 세계 각국의 유명 기업들은 다양한 요구를 가진 21세기형 고객을 잡기 위한 마케팅 전쟁이 한창이다. 그런데 지금의 마케팅 전쟁터에서 자칫 잘못하면 경쟁 상대가 누구인지, 또 왜 싸우는지도 모르고 시간만 보낼 수 있다. 이때 '미래에 대한 선견지명'은 미래 시장 기회를 찾아내고 리스크를 감지하는 데 있어 중요한 몫을 한다. 따라서 미래 시장을 예측하고 기회와 손해를 가져올 수 있는 위협 요인을 미리 분석하여 혁신을 이룰 수 있는 시나리오를 짜는 것이 무엇보다 중요하다. 깊이 있는 동향분석을 통해 잠재성 있는 미래 시나리오를 개발해야 한다. 그리고 각자 회사에 적합한 시나리오를 통해 조직 안에서 중지를 모아야 한다. 그 후 예측된 미래 제품과 서비스를 미래시장 시나리오에 접목시켜야 한다. 상품 하나를 보고, 앞으로 닥칠 환경 변화와 고객의 변화 등을 유추해내는 것은 쉽지 않다. 시장을 예측하고 시장에서 성공하기 위해서 나름 정한 법칙이 있는데, 그것이 바로 '김영호의 점点 · 선線 · 면緜 입체론'이다. 결코 만만치 않은 시장에서 막강한 장악력을 발휘하기 위해선 먼저 '점 · 선 · 면 입체론'을 이해하는 것이 필요하다.

나는 국내 최초 상품평론이라는 새로운 평론 장르를 개척하고 연구해 왔다. '상품평론'이 사회적으로 필요한 이유는 간단하다. 하루에도 수십 종 혹은 수백 종의 신상품이 쏟아지고 있지만 기업에서 만든 상품 소개서에는 항상 거품이 있게 마련이다. 하나라도 더 팔기 위해 거짓 아닌 거짓을 하는 경우도 있다. 상품의 가치를 보면 중소기업의 제품은 가격에 비해 평가절하된 경우가 많고, 대기업에서 출시된 제품은 고객이 측정한 실제가치보다 높게 책정된 경우가 많다. 소비자들도 상품의 가치를 올바르게 알 권리가 있다. 그것이 상품평론가인 내가 할 일이다. 상품의 가치를 측정하고 평가하는 과정에서 한 가지 의문이 들었다. 비슷한 구조의 상품인데도 불구하고, 어떤 상품은 대박을 내고 또 그와 유사한 상품은 커다란 실패를 하는 것이다. 그래서 다시 상품 리뷰를 하고 시장을 분석하고, 나아가 해외 사례를 분석하기도 한다. 그렇게 하여 깨달은 것이 바로 점 · 선 · 면 입체론이다.

　여기 하나의 상품이 있다고 하자. 이 상품은 크기나 값에 상관없이 하나의 '점'인 것이다. 그 다음은 점이 모이면 '선'이 되게 마련이다. 즉, 같은 종류의 상품을 모아놓으면 선이 되는 것이다. 이때 '점'을 어떻게 묶느냐에 따라 여러 가지로 변형이 될 수 있다. 오프라인 매장에서 보면 작은 '상점' 혹은 규모가 큰 상점 안의 '코너' 정도로 이해하면 될 것이다. 여기에서 중요한 것은 아무리 멋진 '점'이라 하더라도 제대로 된 '선' 안에 있어야 한다는 것이다. '선'에서 벗어나 혼자 잘난 '점'은 그저 하나의 '점'일 뿐이다. 잘난 '선', 즉 라인이 함께 있어야 살고 발전할 수 있다. 이 '선'을 '브랜딩'이라고 부르는데, 만약 힘 없는 브랜드에서 힘 있는 브랜드로 넘어가야 할 경우에 '라인업'이라는 과정을 겪게 된다. '라인업'의 방법 중 하나가 '상품 궁합'을 잘 맞추는 것이다. '상품 궁합'이란 '연관 진열'이라 할 수 있는데 제품군이 달라도 궁합이 맞는 상품을 나란히 진열하여 매출을 극대화하는 전략이다. 예를 들면 양은냄비와 라면, 자동차용품과 졸음방지 껌, 만두와 올리브유, 맥주와 기저귀, 시리얼과 우유 등을 함께 진열해 놓는 것을 들 수 있다.

제품군으로만 보면, 냄비와 라면은 전혀 상관없는 것처럼 보인다. 하지만 라면을 냄비에 끓여 먹어야 하기 때문에 이 둘의 관계는 떼려야 뗄 수 없는 관계다. 따라서 상품군을 같은 라인에 묶어주는 '진열의 경제학'이 효과를 발휘하는 것이다. 이는 마치 사람들이 조직 내에서 어떤 사람의 라인에 서느냐에 따라 인생의 운명이 달라지는 것과 비슷하다.

또 예상 고객층에게 당신이 만든 브랜드가 어떤 이미지를 주느냐에 따라 '선'의 가치가 달라진다. 브랜드의 가치는 철저하게 미리 기획하고 예상할 수 있어야 한다. 브랜드의 원형(프로토타입), 브랜드의 전개 방향과 전개되는 마케팅의 강도 등 3가지 요소를 미리 설정하고 시계열상으로 한 점의 착오도 없이 전개하는 것이 중요하다. 이것은 우리가 중학교 시절에 배웠던 '힘의 3요소'를 연상하면 된다. 즉, 물리적인 힘을 설명하는 세 가지 요소로 힘의 크기, 방향, 작용점을 말한다. 마찬가지로 당신이 만든 브랜드의 3요소는 원형(작용점), 전개 방향(방향), 마케팅의 강도(크기)로 이해하면 쉽다. 이 3가지 요소가 적절하게 작용을 해야 가장 적은 힘으로 최고의 결과물을 만들어낼 수 있다. 그리고 만약의 경우를 대비하여 철저한 예비 시나리오를 2~3개를 미리 만들어놓아야 한다. 물론 여기에는 시간이라는 요소가 철저히 고려되어야 한다.

제조업체가 아무리 멋진 '점' 하나를 만들었다 하더라도, 이 '점'이 단지 하나의 '점'으로 끝나기 전에(그 상품에 대한 인기가 지속되지 않기 때문이다) 힘을 받을 수 있도록 '선' 전략을 수립해야 한다. 단품 하나로 성공한 사례는 거의 없다. 물론 예외의 경우는 있다.

'선' 전략까지 성공했다면 당신은 시장에서 어느 정도 위치에 올라와 있을 것이다. 대한민국 시장은 생각하는 것보다 크지 않기 때문에 정확한 '선' 전략 기획을 한다면 바로 유명세를 치를 것이다. 그렇지만 이 '선'전략도 '면'전략으로 이어지지 않으면 시장에서 영향력은 오래 가지 않는다. 소비자들에게 또 금세 잊혀질 것이다.

그렇다면, 어떤 테마로 선을 모아야 할까? 선을 차곡차곡 확장해나가면 그것이 바로 '면' 전략이다. 오프라인 매장에서 본다면 쇼핑센터 혹은 쇼핑상가가 된다. 오프라인 매장의 성공은 얼마나 매력적인 선의 집합을 만들어내느냐에 달려 있다. 많은 소비자가 드나들면서 먹는 것부터 노는 것까지 다 해결되어 오랜 시간 머무르게 할 수 있어야 상가의 가치 또한 높아진다. 상가의 가치를 높이기 위해서는 '면' 전략을 제대로 세워야 한다. 요즘 소비자들은 아무리 '선'이 위치한 곳이 찾아가기 힘든 곳에 있다 하더라도, 어떻게 해서든지 찾아간다. 왜 그렇겠는가? 21세기 소비자들은 트랜슈머^{transumer}이기 때문이다. 21세기 소비자들은 어디나 갈 수 있는 이동수단이 있고, 어떤 정보든 쉽게 손 안에서 찾을 수 있는 무선통신과 컴퓨터가 있다. 요즘의 디지털 컨슈머는 새로운 가치라 생각한다면 불평불만 없이 어디든 찾아 나선다. 아무리 험난한 장애물이 있어도 말이다. 물론 지갑에는 두툼한 지폐와 신용카드를 넣고 말이다.

지난여름 미국 서부지역의 여러 유명 쇼핑센터를 돌아다니며 시장조사를 하면서 느낀 점은 제대로 된 '면'을 세우기 위해서는 정말 철저한 사전 준비와 치밀한 전략이 있어야 한다. 우리가 보통 알고 있는 유명 백화점이나 할인점은 작은 '면'에 속한다. 작은 '면'을 합해서 더 '큰 면'으로 만들 수 있어야 소비자에게 더 큰 만족과 쇼핑을 유도할 수 있다. 그것도 아주 편안하고 안락하게 돈을 쓰도록 유도하는 것이다. 요즘 뜨고 있는 복합쇼핑몰 개념의 몰링^{malling}이라 할 수 있다.

마지막 단계로 여러 가지 종류의 '면'을 모으면 자신이 원하는 입체를 만들 수 있다. 정육면체, 직육면체, 원뿔형 등 당신이 원하는 형태의 입체를 완성하게 된다. 이때가 되면 어느 정도 당신의 목표는 도달한 셈이다. 세상에서 찾아보기 힘든 당신만의 '입체형' 조형물이 탄생하는 순간이다. 이러한 조형물들이 모여서 새로운 집합체가 만들어진다. 이는 세상에서 지금까지 보지 못했던 새로운 도시의 탄생을 의미한다. 이곳이 바로 '라스베이거스'이고, 이곳이 바로 '두바이'인 것이다.

만일 지금 준비하고 있는 상품에서 최초의 '점'을 보고 최후 단계인 '입체'까지 그림을 그릴 수 있다면 당신은 대단한 사업가이면서 대단한 마케터이다. 대한민국이 아니라 전 세계를 상대로 하는 전천후 글로벌 사업가이다. 21세기는 경험보다는 상상력과 창의력이 더욱 중요한 시대다. 세계적인 도시를 만들기 위해선 도시 전체를 꿰뚫어보는 눈과 상상력이 필수다. 100년 앞을 내다보는 눈, 도시 전체를 보는 눈을 지닌 리더가 절대적으로 필요하다. 도시 전체를 관리할 수 있는 능력은 풍부한 상상력을 지닌 리더만이 가능하다. 법 좋아하고 말만 잘하는 사람들의 편협하고 고지식한 머리로는 도저히 알 수도 없는 세계에서는 상상력이 이기게 되어 있다. 유통현장의 생리를 이해하고 그에 걸맞는 전략을 갖춘다면 당신이 그 주인공이 될 수 있다.

점 하나로
드림타운을 건설하자

스토리가 있는 복합타운으로 바뀌고 있다.

당신은 세상의 변화를 알고 싶은가? 당신은 변화의 앞자락에 서고 싶은가? 트렌드는 곧 세상의 흐름이다. 당신은 트렌드를 알기 위해 인터넷을 뒤지기도 하고 전문가가 하는 강연회에 다녀오기도 한다. 또 다양한 모임에 참석하여 세상 돌아가는 것을 듣고 싶어할 것이다. 그렇다면 당신은 최근에 일본 도쿄에 있는 미드타운을 다녀 온 적이 있는가? 아니면 미국의 뉴욕을 방문했었는가? 해외에 미처 나가지 못했다면 서울의 왕십리역이라도 다녀왔는가? 아니면 부산에 생긴 신세계 센텀시티를 구경하였는가?

앞으로 일어날 일을 미리 알기 위해서는 분주히 돌아다녀야 한다. 세상이 워낙 빨리 변하고 있기 때문에 가만히 있으면 괜히 불안하다. 점점 더 다원화 되어가고 있고, 내 의지와 상관없이 쪼개지면서 합해지고 있다. 같은 사상을 지닌 사람과의 만남이 점점 힘을 얻게 되고 전체보다는 부분에 눈길이 간다. 빠른 세상과 느린 세상이 점점 충돌을 하게 될 것이고, 바쁜 일상생활에 지친 당신은 쉴 곳도 찾기 힘이 들게 된다. 어떻게 보면 당신은 세상의 흐름에 대한 정보를 너무 많이 가지고 있어서 결론을 못 내리는 것은 아닌지 모르겠다.

당신은 앞으로 세상이 필요로 하는 부분에 꼭 필요한 상품이나 서비스를 개발하여 히트상품 대열에 올려놓으면서 동시에 브랜딩 작업 혹은 라인업 작업을 수행해야 한다. 이러한 과정을 통해 나만의 스토어를 개설하게 될 것이다. 물론 이 작은 나만의 공간은 나만의 스토리가 있는 공간으로 꾸며져야 한다. 이 작은 스토어가 당신의 꿈이 영그는 산실이 될 것이다. 여기에서 멈출 것인가. 아니면 꿈의 도시까지 건설을 해야 할 것인가는 당신이 결정할 일이다.

가능한 한 더 큰 꿈을 향해 드림타운을 건설해 보자. 앞으로 당신이 만들 드림타운을 미리 살짝 엿보자. 우리보다 도심 재개발을 먼저 시행한 일본 도쿄의 재개발 사례를 통해 도심 재개발 사업의 방향성을 유추해석해 볼 수 있다.

도쿄의 미드타운은 건설 초기부터 '도심에서 즐기는 럭셔리한 일상'을 슬로건으로 채택했다. 이 복합시설 안에서 일하고, 쇼핑하고, 먹고 마시며, 즐길 수 있도록 6개 건축물과 각종 시설물을 꾸몄다. 이 복합시설을 짓는 데 들어간 전체 사업비는 3,700억 엔(약 4조원). 시설 전체의 연면적만 56만 3,800㎡인데 사무실이 절반 이상인 31만 1,200㎡를 차지한다. 이곳에서 일하는 인구는 2만 명이며, 시설물의 거주자만 1,200명이다. 그야말로 하루 종일 이 빌딩 안에서 살아도 전혀 지겹지 않도록 만들었다. 그런데 이런 꿈의 타운 바로 옆에서 재개발이 진행되고 있다. 제3의 복합타운을 기획하고 있다. 새로 지을 복합타운에는 상점, 오피스, 아파트는 물론 환경이나 문화, 교육 관련 시설도 들어서게 될 것이라 한다. 그렇게 되면 상업시설을 이용하는 계층이 어른에서부터 청소년, 아이들까지 전 연령층으로 확대된다. 그러므로 상업시설에 국한되었던 쇼핑몰이 아니라 도시 전체에 거주하는 시민들의 라이프스타일을 그대로 수용할 수 있는 랜드마크의 복합체가 서서히 그 위용을 드러내게 된다.

하지만 모든 도시가 이렇게 상업시설 중심의 복합타운으로 개발될 것이라 보지는 않는다. 각각의 도시가 보유하고 있는 정체성에 초점을 맞추어 개발될 경우도 있다. 즉, 그 도시의 정체성을 나타내는 문화를 현대적으로 조명하여 재해석한 문화 중심 복합도시로 탈바꿈될 수도 있다는 의미다. 이렇게 되면 가장 상업지향적인 복합도시 성격의 형태와 가장 문화지향적인 복합도시의 형태로 양분될 가능성이 있다.

하나의 점에서 시작하는 히트상품 하나를 개발했다면 이제부터 무엇을 준비하고 누구를 만나 연대를 해야 할 것인가? 그리고 당신은 여기서 어떤 역할을 하고 싶은가?

　　세상이 바뀔 방향은 정해져 있다. 단지 당신의 역할만 정해져 있지 않은 상태이다. 도시는 점점 더 철저하게 몇 가지 주제의 컨셉 있는 복합타운이 형성될 것이며, 글로벌 시티로 바뀔 것이다. 상상력을 발휘하지 못하면 항상 쫓아가기만 하는 추종자 인생을 살 것이다. 자, 이제 당신의 지혜로운 선택만이 남아있다.

꿈의 타운,
흉내만으로는 안 된다

벤치마킹에서 하루빨리 벗어나라.

신문에서 국내 대기업을 중심으로 유명 외국기업의 경영기법을 벤치마킹하는 기사들을 많이 접해 보았을 것이다. 특히 서비스 분야에서는 미국의 노드스트롬 백화점이 좋은 벤치마킹 모델이다. 누구든 노드스트롬 백화점의 업무방식을 모방할 수는 있다. 하지만 단순히 업무체계를 모방하는 것만으로 진정으로 고객 서비스 기업으로 거듭날 수 있다고 장담하지는 못한다. 예를 들어 노드스트롬은 직원들에게 커미션

(8~16%)을 준다. 노드스트롬의 신화가 된 고객 서비스 사례 중 하나는 매장에서 팔지도 않는 타이어를 교환하러 온 고객에게 경쟁사에서 팔고 있는 타이어를 직접 사서 교환해 준 것이다. 이는 현장에서 판매원이 철저히 의사결정권을 갖는 시스템이 있기 때문에 가능한 일이다. 현장 직원에게 가격 결정권이 있고, 현장에서 바로 의사결정을 내리고 집행이 가능한 시스템이 갖추어져 있기 때문에 가능한 일이다. 철저히 현장 중심으로 시스템이 움직이기 때문에 가능한 일이다. 하지만 노드스토롬 백화점처럼 커미션 제도만을 성급히 도입하여 오히려 매출이 떨어진 경쟁업체들도 있다. 결코 겉모양만 모방해서는 안 된다. 또 부분만 따라 하지도 마라. 시스템을 제대로 갖추기 전에 단순 모방만으로는 회사의 혼을 살릴 수 없다.

21세기 급부상한 중국은 벤치마킹에서도 타의 추종을 불허한다. 겉모양은 물론 부속물 등 내부 설계도까지 입수하여 진품과 똑같이 만들어내 기존 경쟁업체와의 차이를 극복하려 한다. 하지만 가격 인하는 단기적인 이익을 볼 수는 있지만 결코 장기적인 전략이 될 수 없다. 대부분의 중국 기업은 새로운 브랜드를 창조하기보다는 명품 브랜드를 따라 하는 짝퉁 브랜드 만들기에 여념이 없는 듯하다.

벤치마킹을 잘하면 약이 되지만, 잘못하면 독이 된다. 요즘은 지방자치제에서 지역 축제를 많이 기획하고 개최하는데, 지역의 특색을 살린 축제를 하는 것이 아니라 어느 한 곳이 성공을 하면 그것을 따라 하기 바쁘다. 또 어느 지자체는 북유럽의 도로교통, 환경, 사회복지, 의료 서비스 분야의 우수정책을 견학하러 가는데, 이런 것이 얼마나 실효성이 있는지 모르겠다. 모든 전략과 전술은 기본적인 시스템이 갖추어진 다음에 통하는 것이다. 따라서 벤치마킹은 도시의 역사와 문화, 사회 등 제반 시스템을 모르고서는 제대로 작동할 수 없는 정책이다. 벤치마킹도 중요하겠지만 그보다 중요한 것은 자체 시스템을 먼저 점검한 다음 새로운 제도를 흡수할 수 있는 시스템을 구축하는 것이다.

나만이 할 수 있는 핵심 사업에 집중하면서 동시에 인접 시장까지 서서히 손을 뻗치면서 새로운 기업문화를 만드는 것이 중요하다. 어느 정도 안전 궤도에 진입한 후 변화하는 환경에 따라 새롭게 부상하는 신규사업 시장에 나서야 한다.

소비자와의 거리를
최대한 좁혀라

**21세기 유통업태 승자는
소비자와 심리적 거리를 좁히는 채널로 돌아갈 것이다.**

유통의 필요성에 대하여 문제제기를 하는 사람들도 있다. 제조업체와 소비자가 직거래를 하면 굳이 유통이 존재할 이유가 없다고 한다. 부분적으로 맞는 말이긴 하다. 제조업체가 만든 상품이 정말 양심적으로 만들어지고 소비자가 원하는 시간과 장소로 정확히 배달만 할 수 있다면 유통업체가 존재할 이유가 없다. 최근 들어 생산자에서 소비자로 이어지는 유통채널에 심상치 않은 변화가 일어나고 있다. 이러한 변화는 오픈마켓 매출의 신장률을 보면 알 수 있다.

20세기 초 지금 우리가 접하는 여러 업태가 생겨났다. 최근에 가장 보편화 된 할인점 업태도 1950년대부터 시작된 형태. 유통을 둘러싼 환경이 바뀌고 기술도 엄청나게 발달했음에도 불구하고 기존의 유통채널을 그대로 유지하고 있는 것이 아이러니다. 제조업체에서 시작된 상품이 여러 물류 단계를 거쳐 소비자에게까지 도달하는 단계는 예전이나 지금이나 변한 것이 없다. 농산물이나 수산물, 축산물을 생산하는 농어민들은 1차 상품가격으로 왜 아직도 제 값을 못 받고 있겠는가. 소비자에게 가는 중간 유통업체가 너무 많은 것이 문제다. 이런 중간 유통업체를 배제하고 다양한 거래방식을 통해 전달할 수 있는 방법은 없는가? 지금까지 백화점, 할인점, TV홈쇼핑, 인터넷 쇼핑몰 등 대형 유통채널을 거쳐 소비자에게 전달되었던 상품이나 서비스에서 벗어나 새로운 유통채널을 제안하고 싶다.

농어축협민을 위한 별도의 조직이 있다. 그럼에도 불구하고 왜 아직도 우리 농어민들은 자신들이 생산한 상품을 제값 받고 팔지 못하고 있겠는가. 그 이유 중 하나는 조합 등 단체가 제 역할을 하지 못하기 때문이다. 제조사에서 소비자에게 바로 연결할 수 있는 가장 짧은 유통채널을 만들면 되겠지만 현실에서는 쉬운 문제가 아니다. 그렇다면 제조에서 소매업체를 거쳐 소비자로 가는 부분 직거래 방식은 어떨까? 이는 제조사의 양심에 따라 소비자 중심의 상품제조, 가격책정 등을 한다는 전제조건이 충족되어야 가능한 유통구조이다. 하지만 제조업체의 양심에 전적으로 맡기기에 시장이 녹록치 못하다. 그래서 보완할 수 있는 방안으로 각 부문에 상품평론가나 시민단체를 상주시켜 상품이 완성되기까지 감시기능을 해주는 방안도 생각해 볼 수 있다. 이렇게 되면 제조업체, 소매업체, 소비자 3자 모두 만족할 수 있는 가격 체계를 가질 수 있다.

기존방식		부분 직거래 유통방식	
소비자가	300원	소비자가	170원
소매마진(30%)	90원	소매점 마진(35%)	60원
도매마진(15%)	45원	----	
도도매마진(15%)	45원	----	
금융비,물류비	10원	물류비	10원
제조생산원가	100원	제조생산원가	100원

이러한 시스템도 하루 배송이 가능해진 물류 시스템의 발달로 배송 문제가 해결되었기에 가능한 것이다. 그런데 왜 현실에서 실행이 안 되는 것일까? 아마 기존 세력의 반발 때문이라 예상된다. 새로운 부분직거래 유통방식으로 시스템을 바꾸면 많은 유통업체가 손을 놓을 수도 있다. 하지만 직거래가 활발해지고 물류 시스템이 발달하면서 소비자들의 니즈에 맞춰 빠르게 변화의 움직임을 보일 것이다. 물론 지금도 오픈마켓을 통해 소비자는 가장 저렴한 가격으로 물건을 구입하고 있지만, 반품, 교환이 지연되고 환불이 어렵다는 문제가 있다.

부분 직거래 방식을 시행한다면, 모든 상품을 박스 단위로 가격을 책정하여 배송을 더욱 쉽게 할 수 있어야 한다. 박스 단위를 통한 배송, 1일 배송 시스템이 이루어지면 보관을 해야 하는 소매점도 넓은 공간이 필요하지 않다. 의류와 생활용품 관련 배송 시스템은 바로 시행이 가능하다.

특히, 1차 상품에 대한 검증 시스템이 제대로 작동한다면 산지에서 바로 소비자 식탁까지 배송될 수 있다. 하지만 이것 역시 산지 생산업자의 양심이 제대로 작동될 경우에만 가능한 시스템이다. 다시 말해서 1차 신선식품의 무공해성, 무농약, 친환경 농법으로 재배, 수확되었다는 지자체 검증기관의 확인만 있으면 된다. 눈으로만 보고 구입하는 상품과 오프라인에서 직접 보고 만지고 살펴보고 구입하는 것과는 다르지 않은가. 또한 소매점은 적정마진(35%)을 충분히 확보한 상태이기 때문에 어느 정도 고정고객에게는 할인이 가능하다. 이때 반품, 교환, 환불과 같은 업무를 수행할 수 있는 오프라인 상점이 필요한데, 이 기능은 전국에 금융기관을 지니고 있는 농협이나 전국 1만여 개의 매장을 지닌 편의점을 활용하는 방안을 생각해 볼 수 있다. 혹은 전국에 분포되어 있는 약국이나 부동산 중개업소를 이용하는 것도 불가능한 일은 아니다.

유통채널
최초 선택이 중요하다

**상품 성격에 따른 첫 번째 유통채널의 선택은
사업 승패의 단초다.**

유통은 판매경로와 관계가 깊다. 과거 어느 때보다 제품을 판매하는
곳이 다양해졌다. 하지만 그렇다고 아무 곳에서 아무 때나 자신이 애
써 만든 상품을 팔아서는 안 된다. 우선 판매처에 대하여 심도 있게 검
토한 후에, 제품의 유통채널과 팔려는 상품의 특성에 따로 판매 날짜
를 고려한 이후 시장에 내놓아야 한다.

유통채널을 본다면, 점포의 유무에 따라 유점포 판매방식과 무점

포 판매방식으로 크게 나눌 수 있다. 유점포 판매채널로는 흔히 백화점, 할인점, 슈퍼마켓, 편의점, 전통시장 등의 업태가 있을 수 있고, 무점포 판매채널에는 카탈로그 통신판매, TV홈쇼핑, 인터넷 쇼핑몰, 텔레마케팅, 방문판매, 기업체 특수판매 등의 채널이 있다.

물론 요즘에는 새로운 형식의 채널이 계속 진화하고 있다. 각각의 유통채널의 비용과 효용을 미리 예측해 보고 어떤 유통경로를 언제 이용할지를 미리 기획해야 한다. 사실 중소기업 제품은 제품의 완성도가 대기업 제품에 비해 상대적으로 떨어진다. 그렇기에 처음부터 대기업 유통채널에 입점하는 것이 만만치 않다. 그래도 중소기업 제품은 비빌 언덕으로 대기업 유통채널을 이용할 수밖에 없다. 그렇다고 모든 유통채널에 동시에 입점하겠다는 무리수를 두어서는 안 된다. 상품 성격에 따라 첫 번째 유통채널을 잘 선택해야 한다. 첫 번째 선택이 중요하다.

지금 주력상품 개발이 막바지에 이르렀거나 히트 아이템이 수중에 들어오기 바로 직전이라고 가정해 보자. 그렇다면 이젠 히트 아이템을 어느 경로에, 언제 띄워서 물 흐르듯이 판매를 가져가야 하는지 심각하게 고민할 때이다. 좋은 상품도 첫 번째 유통경로를 잘못 선정하여 실패한 사례를 많이 보았기 때문이다. '중소기업에 돈이 어디 있냐! 그냥 공짜로 입점하고 공짜로 광고해 주는 업체에 들어가면 되지'라는 안일한 마음으로 대처했다가는 바로 그 업체로부터 퇴출을 당하기 일쑤다. 그래서 각 유통업체의 성격을 사전에 인지한 후, 히트상품으로써 가능성이 있는지 궁합을 생각해야 한다. 이제부터 고객이 스스로 자석에 끌리듯 매장에 들어와 지갑을 열고 현금 혹은 신용카드를 꺼내어 판매원에게 결제를 하는 장면을 연상하라. 무엇이 고객으로 하여금 스스로 구매라는 행위를 수행하게 하는지 그 동인을 끄집어내는 것이 중요하다. 제품별 유통 판매 전략을 살펴보자.

보고, 먹고, 1차 식품

1차 식품은 우선 대형 할인마트에서 시식행사를 열어 브랜드 알리는 작업을 해야 한다. 그와 동시에 대량 발주가 나올 수 있는 기업체를 통한 단체특판 영업을 해야 한다. 기업체를 대상으로 영업할 때에는 영양사 혹은 구매담당자에게 아낌없이 샘플을 제공하라. 이때 할인점에서 시식행사를 하는 사진을 넣은 상품 소개서를 잘 만들어 제안서를 제출해야 한다. 할인점에서는 시식행사와 함께 재미있는 이벤트를 마련하는 것도 좋은 방법이다. 제품을 구입하는 고객들이 함께 참여할 수 있는 이벤트면 좋다. 입점한 할인점에서 큰 이익을 내려 하지 마라. 최초 브랜드를 알리는 채널로 대형마트를 철저히 활용해야 한다.

　나 역시 제조회사의 상품을 영업대행해 주던 시절, 대형마트를 통해 브랜드를 알리는 행사를 많이 기획했다. 그때 당시 새로 나온 쌀을 알리기 위해 전기밥솥과 시식용 쌀, 도구들을 바리바리 싸가서 매장에 차려놓고 브랜드를 알리는 데 온힘을 쏟았다. 판매하는 상품의 성격을 제대로 파악한 후 세일즈 프로모션 활동 계획을 연중으로 기획하고 집행해야 한다. 단발성 이벤트보다 꾸준히 밀고 나갈 수 있는 세일즈 프로모션을 할 때 성공적인 런칭을 할 수 있다.

사용 전후가 완전히 다른 상품

사용 전후가 확연히 차이가 나는 제품들의 첫 번째 유통채널은 두말할 것도 없이 TV홈쇼핑이다. 이런 제품은 무조건 TV홈쇼핑에 먼저 입점해야 한다. 그와 동시에 온라인 쇼핑몰에 입점을 하는데, 이때에는 매출보다는 제품을 알리는 데 집중하여 페이지를 구성하고 디자인해야 한다. 온라인 쇼핑몰뿐만 아니라 블로그 마케팅까지 함께 진행하면 더욱 좋다. 블로그는 TV홈쇼핑에서 보여주지 못했던 정보성 기사 위주로 콘텐츠를 작성하라. 제품의 특수 소재를 소개하고 제품을 먼저 사용해 본 고객들의 이용후기를 가능한 한 사진으로 보여주고 외국 소비자들의 반응을 상품의 독창성과 유용성에 맞춰 올려놓아라.

PB상품 위주의 제조업체

자체 브랜드와 PB상품 제조가 가능한 회사는 우선 전국에 1만여 개의 점포를 갖춘 편의점 사업본부를 가장 먼저 공략해야 한다. 질보다는 양의 승부수를 던져볼 필요가 있다. 매출을 잡으려면 양으로 밀어붙여야 하기 때문에 개당 마진은 최소화한다. 동시에 특판매출이 가능하도록 기업체를 상대로 영업을 하라. 기업체를 상대로 할 때에는 편의점에 진열되어 있는 상품 이미지를 첨부한 제안서를 제출하는 것이 좋다.

수입한 신제품

외국으로부터 들여온 제품을 판매하고 싶다면 어느 유통채널을 이용해야 할까? 백화점이 정답이다. 하지만 백화점 바이어를 만나기가 쉽지 않다. 왠지 모를 벽이 존재하는 듯하다. 그렇다면 어떻게 이 높은 벽을 뚫을 수 있을까? 모든 일에는 방법이 있는 법. 오히려 핵심은 단순하다. 백화점에서는 매일같이 이벤트를 연다. 우선 백화점 이벤트에 적극적으로 참가해야 한다. 백화점 이벤트에 참가하려면 대행사와 접촉을 해야 하는데, 백화점 지점마다 대행사가 다르기 때문에 각각의 대행사에 따로 접촉을 해보자. 수단방법을 가리지 않고 이벤트에 참가하게 되면 당신이 수입한 제품은 거의 무료로 5백만 가구에 알려지게 된다. 한 푼의 전단 제작비도 내지 않고 말이다.

유통채널을 선택하고 집중하는 것은 정말 중요한 영역이지만, 일반 제조업체 사장이나 일반 상인들은 이에 대한 정보가 부족하여 실수를 하기 쉽다. 신제품을 목표시장에 런칭하기 전에는 어떤 유통 경로를 사용할 것이며, 그 유통 경로 중에 어느 업체의 어느 지점을 이용할 것인지, 경로별, 단계별 전략이 세워져 있어야 한다. 제품과 유통채널, 런칭 시기와 세일즈 프로모션과 같은 여러 요소들이 궁합이 맞지 않으면 아무리 잘 만든 상품도 초기에 투입되는 비용만 소모하고 끝날 수 있음을 잊지 마라.

파출소도
티켓 판매처가 될 수 있다

**기존에 형성된 오프라인 파이프라인에
새로운 상품과 서비스를 흘려 내보낼 수 있다.**

중소기업에서는 제품을 만들어도 이후에 대기업의 하청업체로 전락할 수밖에 없는 것이 우리나라의 현실이다. 그렇다면 중소기업 제품은 과연 어디에 팔아야 하는가. 진입장벽이 없는 옥션 같은 오픈마켓이나 온라인 쇼핑몰을 이용해야 할까? 오랫동안 연구하고 공들여 만든 제품을 팔 데가 없다는 것은 정말 안타까운 일이다.

이제 중소기업에서도 직접 판매할 수 있는 채널을 만들어야 할 때가 되었다. 백화점, 할인점, 인터넷 종합쇼핑몰을 벗어나 중소기업 제품을 홍보하고 판매까지 할 수 있는 새로운 채널을 만드는 것이 시급하다. 현재 목동에 중소기업 유통센터(행복한 세상)가 있는데, 그것만으로는 턱없이 부족하다. 대기업 중심의 유통채널에서 중소기업을 육성할 수 있는 유통채널을 만드는 것이 국가 경쟁력을 키우는 일이라 생각한다.

새로운 유통채널을 만드는 것보다 이미 형성되어 있는 네트워크를 이용해서 상품과 서비스를 이동시키는 방법을 생각해 볼 수 있다. 예를 들어 파출소에서 각종 표를 구입할 수는 없을까? 야구표, 영화표, 공연표 등 각종 티켓을 동네에 있는 파출소에서 판매하면 어떨까? 파출소 이외의 공공기관의 오프라인 네트워크도 잘 활용해 볼 수 있다. 일본에서는 편의점에서 이러한 서비스를 하고 있다. 국내 편의점에서도 현재는 공과금 납부, 택배 서비스 등 서비스 영역이 넓어지고 있다.

또 전국의 요구르트 아줌마들이 각 가정의 배달 서비스를 대신하는 것은 어떨까? 매일 아침 가정에 요구르트를 배달하는 것에서 좀더 나아가 작은 물품까지 함께 배달하는 서비스를 병행하는 것은 어떨까? 신문 배급소도 주로 아침에 배달하는 업무인데, 낮에 신문 이외의 다른 상품도 배송하면 어떨까?

배달 서비스를 기본으로 하는 업체와 중소기업이 협력을 하면 판매에서 배달까지 책임지는 새로운 유통채널이 탄생할 수 있다. 이는 기존의 자원을 최대한 활용하여 파이프라인에 상품만 바꿔서 태우는 방식이다. 부존자원이라고는 인력밖에 없는 나라에서 새로운 파이프라인을 만들지 말고 기존에 잘 형성되어 있는 파이프라인에 상품과 서비스를 적용해 보자.

한 평이 될까 말까 한 규모의 독일 커피전문점 취보^{tchibo}는 지난 1955년 함부르크에서 첫발을 내딛었다. 지금 취보는 전 세계 1만 명 이상의 직원을 거느리며 승승장구하고 있다. 취보의 가장 큰 성공 요인은 체인점 규모에 제한을 두지 않는 출점 방식을 빼놓을 수 없다. 겨우 3.3㎡ 남짓한 크기의 소규모로 체인점에 직원 한두 명을 두고 운영하기 때문에 소자본 창업자가 많이 몰려들었다. 독특한 점은 취보에서는 커피뿐만 아니라 신발이나 속옷도 함께 팔고 있다. 커피전문점이지만 커피에 한정 짓지 않고 다른 품목도 할인가에 제공한다. 유명 브랜드는 아니지만 품질이 좋은 상품을 싼 값에 제공하다 보니 애용하는 소비자가 많아졌다. 취보에서는 신발에서부터 향수, 화장품, 의류에 이르기까지 다양한 상품을 접할 수 있다. 매주 테마를 설정하여 그에 맞는 상품을 선보이고 있다. 문제는 취보 같은 복합 매장은 자칫 잘못하면 본질을 왜곡시킬 우려가 있다. 하지만 세계 커피 시장에서 리더로서 브랜드 힘을 발휘하고 있는 이유는 기본이 잘 되어 있기 때문이다.

우리도 언젠가부터 커피전문점이 많이 생겼다. 사무실이 밀집해 있는 곳뿐만 아니라 일반 주택가에도 카페가 많이 들어서기 시작했다. 커피전문점과 커피숍 플러스 복합매장, 둘 중 어느 업태가 승리할지는 아직 모른다. 꼭 커피전문점뿐만 아니라 다른 점포를 운영하고 있는 경영자들도 업종에 상관없이 궁합이 맞는 상품이 없는지 검토해 보고 한번 시도해 보는 것도 괜찮은 방법이다.

새로운 유통채널의 성패는 개인화된 셀프미디어인 블로그와 카페를 통합시킨 클러스터[cluster]를 어떻게 경합시키느냐에 달려 있다. 요즘 개인성향의 블로그와 카페는 온ㆍ오프라인상의 통폐합이 될 가능성이 상당히 높은 상태로 발전하고 있기 때문이다. 다시 말하면, 작은 시장이라도 전문화 된 시장, 마니아로 구성된 시장을 공략하기 위해 지금까지의 방식이 아닌 색다른 유통채널을 통해 색다르게 접근을 해야 한다. 이들은 대부분 개인 미디어를 잘 활용하는 계층이기 때문에 그들과 공동으로 만들어가는 클러스터를 형성하는 것이 관건이다. 이런 클러스터 간 이종연합을 통해 사업의 규모를 키워볼 수 있다.

유통시장의
새로운 틈새를 찾아라

**소비자 입장에서 기존 유통업체의 불편한 점이 있다면
그것이 바로 새로운 유통업체다.**

세상이 빠른 속도로 변하다 보니 소비자의 변화를 파악하는 것도, 따라잡기도 쉽지 않다. 지금 우리는 상상을 초월하는 기술의 변화, 세대의 변화, 가족의 변화를 겪고 있다. 이처럼 빨리 변하는 세상에는 발빠른 대응을 하는 사람이 시장의 강자로 올라 설 수 있으며 돈도 많이 벌 수 있는 기회를 잡을 수 있다. 이는 아무래도 대기업보다는 민첩성이 있는 중소기업에 더 큰 기회가 열려 있다.

잘 팔리는 20퍼센트 상품만 파는 스토어

21세기는 철저한 선택과 집중의 시대이다. 한정된 크기의 매장에서 어떻게 해야 많은 상품을 진열하고 매출을 올릴 수 있을까? 상품들을 미리 서열을 매겨 서열대로 진열하는 방법이 있다. 일본의 '랭킹숍'은 전체 상품 중 잘 팔리는 20퍼센트만 모아서 판매하고 있다. 도쿄 JR 신주쿠역 구내에 있는 '랭킹랭퀸'은 화장품, 목욕용품 등 잡화류에서 과자, 음료 등 식품류, 휴대전화용품 등 소형 가전제품, 잡지, 책, CD에 이르기까지 온갖 생활용품들을 취급하고 있다. 취급하는 품목은 90여 개 품목 500개 이상의 제품이다. 고정 품목들이 있지만 때에 따라 특별 품목을 만들기도 한다. 매장에서 취급하는 카테고리 외에 고객들의 요구를 받아들여 새로운 상품의 랭킹을 신설하기도 한다. 이곳에서는 일본의 히트상품 트렌드를 한눈에 파악할 수 있다. 품목별로 베스트셀러 순위에 따라 1위에서 5위, 혹은 10위까지만 판매한다. 모든 진열대에는 순위가 표시되어 있다. 이 순위는 제품에 따라 1주일 간격이나 한 달 간격으로 교체된다. 상품의 순위 집계는 외부 데이터를 활용한다. 새로운 제품을 만들어내는 회사 입장에서는 신제품을 홍보할 수 있는 코너를 따로 두고 있어서 제조업체에게도 좋은 기회를 마련해주고 있다. 시부야 역점 등 주요 매장에서는 별도의 이벤트 공간을 마련해두고 있어서 약간의 공간 이용료만 지불하면 신제품 발표 공간으로 잘 활용할 수 있다.

최신 유행하고 있는 상품 정보를 보기 좋게 전시하여 소비자들에게 최신의 좋은 정보를 제공하는 것이다. 매장을 살펴보는 것만으로도 트렌드를 알 수 있는 잡지의 역할을 톡톡히 한다. 매장 외관에 있는 별도의 TV모니터 혹은 액정광고판을 통해 실시간으로 각 품목별 순위를 보여주고 있다. 2001년 처음 문을 연 '랭킹랭퀸'은 젊은 여성들을 중심으로 인기를 모으고 있으며 상품 기준으로 보면 일반 소매점과 비교해서 15~30배의 매출을 올리고 있다.

우리나라 지하철 역사 내에도 상가가 많지 않은가. 일본의 랭킹 숍처럼 지하철을 이용하는 고객에게 최신 상품 정보와 트렌드를 알려주는 미디어 역할을 할 수 있는 방법을 찾아보자.

딱 700개 상품만 판다

독일의 최대 할인점 알디^{aldi}는 유럽대륙을 넘어 미국 시장을 넘보면서 제2의 월마트로 급부상하고 있다. 알디는 칼 알브레히트와 테오 알브레히트 형제가 1948년 창업한 할인점으로 미국에 해마다 40~80개의 점포를 신설해 올해 벌써 1,000번째 매장을 열었다. 알디의 가장 큰 장점은 필요 없는 낭비요소를 제거한 것이다. 알디는 월마트와 경쟁에서 밀려난 소매점들을 인수하여 정면대결을 펼치는 전략을 취했다.

미국 시장을 넘보는 세계 11위의 할인점인 알디는 현재 연간매출 370억 달러로 월마트의 2,587억 달러에는 크게 못 미친다. 그럼에도 알디가 제2의 월마트로 주목받고 있는 것은 최근 눈에 띄게 성장세를 거듭하며 미국 시장 공략을 가속화하고 있기 때문이다.

시장정문조사기관인 AC닐슨의 조사에 따르면 알디의 유럽 식료잡화점 시장 점유율은 지난 10년간 두 배인 9.5퍼센트 성장했다. 1976

년 미국 아이오와 주에 첫 번째 점포를 개설하였으며 이미 북미지역에서는 48억 달러의 매출을 올리고 있다. 이에 따라 미국의 경제전문 주간지 〈비즈니스위크〉는 알디의 경쟁력으로 은행 부채를 쓰지 않고 현금만을 동원해 매장을 늘려가며 양질의 상품을 초저가로 판매하는 독특한 기업문화를 꼽았다. 알디는 직원 채용과 광고 등의 비용을 줄이는 대신 저렴한 상품가격을 책정하고 있다.

알디 매장을 둘러보면 우선 가격에 놀란다. 생산업자와의 직거래를 통해 들어온 상품에 자체 브랜드를 부착하여 가격을 최대한 낮추고 있다. 월마트가 15만 종류의 상품을 판매하는데 반해 알디는 딱 700여 가지 상품만 판매한다. 제품 종류를 줄이는 대신 그만큼 가격과 품질을 완벽히 통제하고 있다. 알디의 경영 원칙은 "단순하게 경영하라"이다. 대부분의 대형마트에서 판매되는 품목의 4분의 1은 한 달에 한 개 이상 팔리지 않는 것이 현실이다. 하지만 대부분의 대형 슈퍼마켓들은 2만여 개가 넘는 엄청난 품목을 제대로 관리도 하지 못하고 있는 셈이다. 거꾸로 말하면 매일 엄청난 물량의 판매 통계치를 만들고 분석하는 데 시간을 낭비하고 있다고 할 수 있다.

알디는 매출 등 판매수치를 한 달에 한 번 뽑아낸다고 한다. 쓸데없는 보고서를 만들 시간에 판매에 집중하겠다는 뜻이다. 독일의 시장조사 업체인 GFK에 따르면 독일 국민 89퍼센트가 지난해 알디에서 최소한 한 번은 쇼핑을 했다고 밝혔다. 공동창업자인 칼 알브레히트는 230억 달러의 재산을 보유하여 〈포춘〉에 세계 3위의 부자로 선정되기도 했다.

나는 처음 알디 이야기를 접하고 놀랐다. 월마트를 뛰어넘는 유통 시스템에 관심이 많기 때문이다. 월마트는 2006년 7월 독일 할인점 사업에서 손을 뗀다고 발표했다. 또한 미국의 월마트가 할인점이라는 유통업체를 개발한 이후 각국의 거대 공룡인 백화점이 축소되고 시장을 할인점에 내주었다. 우리나라의 할인점이 중앙매입방식과 대형매장을 통한 집객 수의 증가를 꾀하였는데 반해, 알디는 매장 자체가 작고 일반 할인점보다 더 싼 값으로 제공할 수 있는 집중적인 가격관리로 상품 수를 제한하는 전략을 쓴 것이 특징이다. 참고로 독일에서만 현재 3,000개가 넘는 체인점을 보유한 알디는 PB제품 비율이 95퍼센트에 달한다.

국내에도 알디를 벤치마킹한 '700마켓'이 있다. 보통 150평 정도 규모인 700마켓은 농수산홈쇼핑에서 운영하고 있다. 수도권을 중심으로 13개 점포를 현재 가동하고 있다. 700마켓 역시 싼값을 유지할 수 있는 비결은 원가 외에 드는 인건비, 광고비, 인테리어비용의 최소화다. 식품회사에서는 대형마트처럼 직원을 파견해서 마케팅 활동을 벌일 필요도 없고, 오직 제조원가에만 집중한다. 매장 선반에 박스 포장 그대로 올려놓고 낱개로 제품을 판매하고 있다. 독일의 알디처럼 신용카드도 받지 않는다. 신용카드 수수료까지 아끼겠다는 전략이다. 인건비를 절감하기 위해 점포당 점원은 5명 정도만 둔다. 매장 광고나 홍보 수단으로는 신문 전단지가 유일하다. 심지어 매장 조명도 어둡지 않을 정도로만 최소한으로 켜 놓는다. 쓸모없는 비용을 가능한 한 줄이고 '선택과 집중'을 하겠다는 전략이다.

최근 유통업체의 큰 흐름 중 눈여겨봐야 하는 것은 백화점, 할인점에 이은 새로운 SSM(슈퍼슈퍼마켓)업태다. 대기업에서는 현재 SSM 진출을 가속화하고 있다. 대형할인점이 20만여 명 규모의 상권에 출점하는 것에 비해 SSM은 10분의 1 수준인 2만 명 정도의 상권에도 출점이 가능하다. 또 개점 비용이 50억 원 가량으로 할인점(약 400억~600억원)에 비해 저렴할 뿐만 아니라 임차 방식의 출점이 많아 출점 실패에 대한 위험 부담이 적다. 상품 재고량, 광열비 등 매장 운영비 역시 적어 투자에 대한 회수율도 높고 접근성도 할인점에 비해 좋다. 거의 모든 유통 대기업은 SSM 사업에 진출한 상태다. GS슈퍼마켓 107개, 롯데슈퍼 107개, 홈플러스가 104개 매장(2008년 12월 기준) 보유로 시장을 거의 3분하고 있는 상황이다. 3개 업체 모두 100개 점포를 돌파하면서 매장 수 늘리기 전쟁에 돌입하였다. 또한 매년 2배 이상씩 매출이 급증하는 인터넷 슈퍼마켓 서비스를 적극 활성화시킬 계획이다. 앞으로는 점포 규모를 기존의 1,100~1,300 m^2 에서 660 m^2 내외로 줄이고 신선식품을 대폭 강화한 형태의 슈퍼마켓 위주로 출점할 계획에 있다. 대단위 슈퍼마켓보다는 동네 편의점을 크게 확대하는 전략인 것이다.

이러한 형태의 유통업체는 동네 어귀에 있는 전통시장과 골목에 있는 슈퍼마켓을 위협하는 존재임에 틀림없다. 추후 편의점 시장까지 넘볼 수 있다. 과열된 대형 할인점 시장의 빈틈을 기존의 동네 슈퍼마켓을 밀어내고 SSM이 치고 나가고 있다. 그렇다면 여기서 잠깐 편의점과 SSM에 치이고 있는 동네 슈퍼마켓은 어떤 준비를 해야 하는가.

바라건대 슈퍼마켓 협회는 손 놓고 기존 시장을 내주지 말고 대 역전 극을 벌일 수 있는 슈퍼스타를 만들어내든지 찾든지 해야 한다.

대기업이 거의 잠식해버린 시장에서 쉬운 일은 아니겠지만 슈퍼 마켓 중앙회 같은 조직이 앞장 서서 새로운 시스템을 도입하는 방안 을 검토해 볼 필요가 있다. 대기업의 유통 시스템에 밀려난 동네 슈퍼 마켓도 고전을 면치 못하는 지금 부활할 방법은 없을까? 알디처럼 슈 퍼마켓에서도 딱 200개 상품만 파는 것은 어떻겠는가. 싱글이든 실버 층이든 특정 타깃에 맞춘 상품을 마련해 놓고 그들만의 매장을 마련 하는 방법 등 다각도로 생각해 보자.

매장의 매출을 높이기 위한 새로운 방식으로 숍인숍이 다시 뜨고 있다. 편의점인 '바이더웨이'의 경우, 유명 브랜드 커피와 핫도그, 아이 스크림을 숍인숍 형태로 판매하고 있다. 필요에 따라 차별화시킨 상품 이나 서비스를 제공할 수도 있고 공간을 최대 활용할 수 있기 때문에 바이더웨이는 적극적으로 협력업체를 찾고 있다.

고속도로 휴게소 안의 생활용품점 같은 좀 엉뚱해 보이는 점포들 이 늘고 있다. 한 가게 안에 다른 업종의 점포가 들어서는 이른바 '숍 인숍'은 과거에는 미용실 안의 네일 아트, 영화관 안의 스낵 코너, 주 유소 내의 편의점, 약국 안의 화장품 등 서로 연관이 있는 것끼리 짝을 짓는 게 보통이었지만 요즘은 전혀 어울리지 않아 보이는 것들이 서 로 짝을 짓는다. 그 대표적인 예가 고속도로 휴게소에 '1,000원 가게' 이다. 하지만 엄밀히 따져보면 각각의 업[業]을 도와주는 협업관계의 상생효과가 대단하다. 군부대 안에 화장품 브랜드 매장이 들어서기도 한다. 화장품 브랜드가 현재 공군과 해군의 복지매장에 입점, 30여 가지 제품을 팔고 있다. 남성용 기초 화장품만이 아니라 보디제품과 자외선 차단 크림까지 갖췄다.

LG전자 '하이프라자' 서울 대방·가양점에는 '총각네 야채가게'가 자리 잡고 있다. 이 매장의 경우 시장을 보러 가는 주부들의 발길을 사로잡고 편의까지 봐주는 효과가 있다. 삼성전자 '디지털 프라자' 분당 이매점에는 매장 한쪽에 스타벅스 커피가 입점해 있다. 커피 한 잔을 즐기며 음악과 영화감상을 동시에 즐길 수 있다. 이러한 숍인숍은 그 형태도 점점 더 다양해지고 있다. 비싼 서울 땅을 임대해서 독립매장을 내는 것보다 훨씬 적은 비용으로 매출을 올릴 수 있는 방법이 바로 숍인숍 전략이다.

'숍인숍' 형태는 전혀 어울릴 것 같지 않아 보이지만 이질적이지 않고 잘 어울리는 것이 특징이다. 오히려 시너지 효과를 충분히 발휘할 수 있는 전문 매장끼리의 결합은 소비자 역시 재미와 효용을 동시에 느낄 수 있다. '누이 좋고 매부 좋은' 전략이라 할 수 있다. 고전하는 유통업체 관계자들이나 제조업체에게는 새로운 돌파구가 될 수 있을 것이다. 이외에도 새로운 돌파구가 될 수 있는 작지만 알찬 시장이 계속 나오는 중이다. 유통시장은 끊임없이 변신 중에 있다.

편의점의 변신은 무죄

편의점의 업은 생활서비스 제공이다.

전국의 편의점 수가 1만 개를 돌파했다. 지난 1989년 세븐일레븐이 서울 방이동에 1호점을 낸 지 17년 만의 일이다. 현재 우리나라 편의점 1점포당 인구수는 4천 명 이하이며 편의점을 이용하는 고객은 모든 유통업태 중에서 가장 많은 하루 60만 명에 이른다. 일본의 경우 1점포당 인구수는 2,500여 명 수준이다. 10년 후 편의점 수는 대략적으로 추산해 지금보다 7,000~8,000개 정도 늘어난 1만 7,000~1만

8,000개 정도로 추정된다. 소비자들의 생활과 밀착해 있는 편의점은 계속 진화하고 있다.

편의점을 이용하는 이유는 말 그대로 '편의' 부분에 있다. 편의점은 외적으로는 점포 입지, 점포 레이아웃, 빠른 접객, 영업시간 등을 고려해야 하고 내적으로는 상품구색, 품질, 패키지, 디스플레이 등의 요소를 고려해야 한다. 서비스 측면으로는 종업원의 서비스, 점포의 위생상태, 조명과 장식, 홍보와 판촉방법도 고려해야 한다.

특히 요즘 편의점은 "모든 생활이 편의점으로 통한다"는 말처럼 많은 서비스 상품을 보유하고 있다. 공과금 납부, 보험가입과 보험료 납부를 비롯해 택배 서비스, 휴대폰과 교통카드 충전 서비스, 디지털 카메라와 휴대폰 사진인화, 꽃 배달, 철도 · 항공 · 영화 등의 티켓 발매, 무인서류발급 서비스. 현재 편의점에서 취급되고 있는 생활 서비스 상품은 대략 20여 가지다.

편의점을 쉽게 이용하는 매뉴얼 단행본까지 나올 정도로 특정한 고객 취향이 형성되어 있다. 똑같은 편의점일지라도 각각의 편의점은 매장 타깃에 따른 상품 특성과 가격 특성이 다르다. 주 고객의 생활양식과 욕구를 만족시킬 수 있는 프로세스를 만들면서 새로운 컨셉의 편의점 비즈니스 형태가 나타나고 있다.

편의점 역시 한정된 공간에서 최대한의 효율을 올리려면 상품 관리가 필수다. 그래서 상품 분류방법으로는 내셔널브랜드를 중심으로 시대와 계절에 따라 합치되는 선도가 높은 상품을 주로 배치하게 되는데 평당 90여 개의 아이템으로 채운다. 총 3천여 개의 아이템이다.

사실 편의점만큼 평당 효율을 따져야 하는 유통업체도 드물다. 중점적으로 관리해야 하는 상품은 지속적으로 분석하고 대응해야 한다. 경쟁 점포의 중심 상품군을 비교분석하는 것은 필수다.

소규모 공간에 수백 종의 상품을 진열해야 하는 편의점으로서는 갖가지 아이디어를 짜낼 수밖에 없다. 대부분의 편의점은 스탠드형 에어컨 대신 천장형 에어컨을 설치하고 있다. 스탠드형 에어컨이 차지하는 공간이 반 평인 것을 감안하면 단순 계산해 최고 50여 개 상품을 더 취급할 수 있다. 이에 따라 관련 매출이 설치 전보다 증가하게 된다.

한 공간을 계절별로 활용하는 사례도 있다. 다용도 냉온장고를 자체 개발해 인삼, 홍삼 등 따뜻한 건강음료가 진열된 일반 온장고는 겨울철에, 동일한 공간을 여름철에는 냉장고로 효율적으로 사용하는 것이다. 또한 벽걸이형 후크(갈고리 모양 상품걸이)를 벽에 부착해 벽공간을 효율적으로 이용하고 있다. 편의점은 가장 작은 매장에서 가장 많은 상품을 팔기 때문에 늘 효율성을 재고할 수밖에 없다. 신속성과 청결을 기본으로 24시간 이용이 가능한 편의점은 아직까지 개발해야 할 항목이 무궁무진한 업체기도 하다.

동네마다 한 집 건너 하나씩 편의점이 있다 보니 편의점 간의 경쟁도 점점 치열해지고 있다. 편의점 역시 PB상품을 계발하여 차별화를 꾀하고 있는데 PB상품은 고객에게는 새로운 가치를, 업체에게는 이익을 제공하는 것이 목적이다. 주로 공산품 위주로 제품을 개발하고 있는데, 아래의 요건을 충족시켜야 한다.

- 내셔널브랜드에 떨어지지 않는 최상의 품질과 기능

- 일관성 있는 상품의 질로써 차별화 지속

- 다양해지고 있는 고객의 필요성 포착, 기호성과 취미성 높여 개발

- 이용 빈도 높고 가격탄력성 높은 상품군 개발

할인점이 '저가 대용량' 상품을 주로 개발한다면, 편의점은 이에 맞서 '실속형 소용량'으로 승부하고 가격경쟁력을 강화하는 추세라 할 수 있다. 편의점에 납품을 하려 한다면 유형의 상품보다는 무형의 서비스 상품을 개발하여 매입 바이어를 설득하는 방법을 제안한다. 그 이유는 다음의 일본 편의점의 변신을 살펴보면서 좀더 자세히 살펴보자. 일본 편의점의 변신을 보면 앞으로 국내 편의점의 미래가 보일 것이다.

일본 편의점을 보면
우리 편의점의 변화가 보인다

일본 편의점의 주 고객은 여성과 노인이다.

우리나라에서 40~50대 실직 가장들이 가장 선호하는 창업의 업태 중 하나가 편의점이다. 편의점 하면 떠오르는 이미지가 청결함, 모던한 분위기, 밝고 화사한 분위기여서 화이트 칼라였던 창업 희망자들이 쉽게 접근하는 듯하다. 그렇지만 2008년 말 현재 전국의 편의점은 전년보다 1천 4백여 개가 늘어난 1만 2,485개로 조사됐다. 우리나라 편의점 전체 개수는 1만 2천여 개로 일본과 비교하면 아직 반도 안 되지만,

인구 수와 국토 면적에 비하면 어느 정도 포화상태다. 그래서 한 집 건너 경쟁하는 여러 경쟁 브랜드 편의점들이 우후죽순으로 많이 포진하고 있다. 하지만 편의점은 점점 치열한 수익구조 속에서도 지금까지의 편의점 형태가 아닌 새로운 라이프스타일을 취하는 소비자층이 생기면서 새로운 형태로 편의점이 변신 중에 있다.

다른 업태가 그렇듯이 편의점 업태도 일본을 통해 많이 전파되었다. 그래서 그런지 어느 편의점을 가더라도 일본 냄새가 많이 나는 듯하다. 치열한 동네 편의점의 경쟁에서 살아남기 위한 자구책을 세우기 위해 편의점 본사의 상품개발팀이 점점 바빠지고 있다. 그렇지만 일본의 편의점은 우리보다 몇 발자국 먼저 앞서 간 느낌이다. 왜냐하면 상품 MD의 변화, 진열의 변화가 눈에 띄게 많아졌기 때문이다. 일본 편의점 업체들은 우리나라보다 더 포화상태이기 때문에 살아남기 위해 새로운 시도를 계속하고 있는 중이다. 한마디로 말해서 계속 진화한다고 할 수 있다.

기존 업태에서 좋은 점을 받아들여 새로운 업태로 진화 중에 있는데, 편의점은 단연 선두주자이다. 그 이유는 가장 좁은 면적에 가장 많은 상품을 진열해서 팔아야 하는 평당 매출 싸움의 원조이기에 더하다. 그래서 일본의 경우, 우리나라와 동일한 상품군에 더하여 새로운 고객층을 위한 새로운 상품군을 속속 개발 중에 있다. 그런 실험 중에 하나가 바로 서클K이다. 도쿄에 있는 서클K는 '99엔숍'을 개점했는데, 이 스토어에 있는 거의 모든 상품 단가가 99엔이다. 우리나라와 다른 점은 잘게 썰어 놓은 야채와 과일이 많다는 점이다. 왜 이렇게 작은 야채, 과일이 많을까. 그 이유는 서클K 스토어에 1시간만 서 있으면 저절로 답을 알게 된다. 대부분의 고객이 여성과 노인분들이다. 핵가족화가 심화된 도심공간에 쉽게 구입하고 쉽게 집에 가져갈 수 있는 무게와 양을 원하는 싱글족과 두 분만 사시는 고령자 실버계층이 많기 때문이다. 기존의 편의점에서 다루는 공산품보다는 하루에 필요로 하는 신선식품 비중이 점점 커지고 있는 것이다.

서클K의 경쟁점인인 로손은 '로손100'이라는 브랜드를 새롭게 선보이고 있다. 말 그대로 100엔 전후의 상품으로 채워진 스토어이다. 쉽게 말하면 100엔숍과 기존 편의점을 결합한 스타일이다. ampm은 또 어떤가. 그들은 도심에 있는 편의점은 직장 여성만을 상대로 하는 상품군으로 전면 개편을 했다. 예를 들면 화장품, 다이어트 식품, 건강 보조식품 등을 집중적으로 다루는 편의점이다. 마치 드럭스토어(drug store, 우리나라에서 새로운 업태로 자리매김하고 있는 헬스, 뷰티샵을 뜻한다)를 보는 듯하다. 일본이나 홍콩에서 인기리에 판매되고 있는 드럭스토어 개념이 일본 편의점에도 접목이 된 것이다.

내가 보는 진정한 일본 편의점의 일대 혁신의 지향점은 금융기관으로 가고 있다. 편의점이 금융기관으로 가고 있다니 의아할 것이다. 이것은 영국 테스코 그룹이 운영하는 테스코 할인점이 금융기관의 ATM(현금자동입출금기)을 설치하면서 점점 금융기관 역할을 보완하기 시작했다는 점과 일맥상통한다.

이제부터 일본 편의점은 금융기관이다. 요즘 일본 금융산업에서는 '편의점 뱅킹'이 돌풍을 일으키고 있다. 우리나라 같으면 은행 지점에 찾아가야 할 수 있는 기본적 금융 서비스들이 대부분 편의점에서 가능하다. 편의점 입구 바로 옆 가장 목 좋은 자리가 ATM의 차지다. 왜 은행을 앞에 두고 편의점에서 은행 업무를 할까? 그 이유는 바로 편리성 때문이다. 야간과 주말만 빼고는 편의점 ATM기로 돈을 인출할 때 수수료가 없다는 것도 매력이다. 우리나라 편의점에도 ATM기가 있지만, 예금을 인출할 때 붙는 수수료가 만만치 않다. 일본 편의점에서는 각종 지방세, 전기·수도·통신요금 등 공과금이나, 신문·잡지의 구독료, 보험사의 보험료, 신용카드 대금 등의 결제가 가능하다. 나아가 외화를 엔화로 환전하고, 돈을 바꿔 우편으로 보낼 수 있으며, 인터넷 쇼핑몰에서 주문한 상품의 대금을 편의점에서 낼 수도 있다. 일본 요미우리신문은 일본 최대 편의점업체인 세븐일레븐과 3위 업체 훼미리마트가 각종 요금 수납 대행으로 거둬들인 돈이 올해 사상 처음으로 상품 판매 매출을 뛰어넘을 전망이라고 보도했다.

요즘 인터넷뱅킹은 일반화되었지만 노인이나 청소년, 장애인이 편리하게 이용하기에는 여전히 익숙하지 않다. 보안의 위험성도 있기에 편의점 뱅킹은 이런 위험 요소가 없다는 점도 이용객의 증가를 가져온다. 현재 편의점 ATM기의 보급 규모도 엄청나다. 일본 세븐일레븐의 경우 총 1만 2,299대에 이른다. 우리나라 최대 은행인 국민은행도 9,300여 대에 불과한데, 편의점이 이를 훌쩍 뛰어넘은 것이다.

일본의 편의점은 소매점에 머무르지 않고 금융기관, 택배센터 등 생활 밀착형 서비스산업으로 성장하고 있다.

가장 큰 변화 중 하나는 노인층을 공략하기 시작했다는 점이다. 노인층을 상대로 하는 편의점은 매장 통로, 취급상품, 매대 높이, 디스플레이 등 모든 것이 기존 편의점과 다르다. 이곳은 폭이 좁지만 슈퍼마켓처럼 넓기 때문에 할머니가 카트를 끌고 편안하게 다닐 수 있다. 게다가 선반도 낮아 상품을 고르기가 쉽다.

가장 적극적으로 노인층을 공략하는 편의점 체인은 '로손'이다. 로손은 노인들이 편하게 읽을 수 있도록 가격표의 글씨 크기를 큼지막하게 바꾸고, 자동문도 설치하고, 고가의 안마의자도 가져다 놓았다. '로손'이 노인층으로 눈을 돌린 이유는 저조한 매출 신장률에 충격을 받고 새로운 소비자층을 개발하자는 취지에서 시작되었다고 한다. 노인들이 집에서 멀고 복잡한 대형 할인점보다 가까운 편의점을 더 좋아한다는 데 착안한 것이다. 실제 고객 가운데 50세 이상이 차지하는 비율이 4.8퍼센트에서 10.4퍼센트로 커진 것으로 나타났고, 젊은 층보다 중장년층과 노인 고객이 더 많이 늘고 있는 것이다.

이 모든 변화는 한국에서도 앞으로 5년 안에 닥칠 일들이다. 여성과 시니어들을 주 고객으로 편의점의 모든 시설과 MD를 수정한 셈이다. 매장의 디스플레이, 매장의 매대 높이, POP 사이즈, 매장의 통로 넓이, 조명 등 모든 요소를 시니어(노인)분들을 위해 전면 수정을 가했다는 것을 한국의 편의점 혹은 동네 슈퍼마켓을 운영하는 사장들에게 시사하는 바가 아주 크다. 나아가 우리나라 전통시장에 종사하시는 분들에게 강력하게 주장하고 싶은 부분이다. 제발 대형마트와 경쟁하려 하지 말고, 독자적인 업태로서 자리매김을 해주십사 말이다. 전통시장

개개인 사장들이 이러한 변화를 잘 모르고 있으면 이를 운영하거나 지원하는 공공기관에서 제대로 된 방향과 방법론에 대해 알려줄 의무가 있다. 그냥 외관만 이웃나라 일본의 전통시장 모습을 그대로 가져오는 것 말고 말이다.

상상을 초월하는
기회가 있는 공간

인터넷에는 당신이 상상하는 그 이상의
새로운 비즈니스가 숨어 있다.

인터넷 비즈니스에는 단지 온라인 쇼핑몰뿐만 아니라 상상을 초월하는 수많은 비즈니스가 숨어 있다. 이번에 소개할 코즈모닷컴의 이야기는 신규 비즈니스를 계획하고 있는 사람들에게 좋은 영감을 줄 것이다.

1996년 골드만삭스 LA사무소에서 기업금융을 담당하던 조셉 박은 온라인서점 아마존닷컴을 통해 신작소설을 구입하려 했다. 하지만 배달하는 데에도 시간이 많이 걸리고 운송비를 별도로 내야 하는 것이 썩 내키지는 않았다. 그때 그의 머리를 스쳐 지나가는 새로운 비즈니스가 있었다. 그것은 '당일 주문, 1시간 안에 무료 배송'이라는 인터넷 쇼핑몰이다.

세 살 때 미국으로 이민 온 한인 2세인 조셉 박이 순간 떠올린 것은 한국의 자장면 배달이었다. 한국의 자장면은 전화만 하면 바로 달려오지 않는가. 조셉 박은 곧바로 친구와 함께 조그만 창고에서 밤낮으로 일하며 사이트를 구축했다. 그렇게 하여 1997년 인터넷 기반 가정배달 서비스인 코즈모닷컴^{cozmo.com}을 열었다.

피자가게처럼 동네를 대상으로 한 배달시스템과 UPS나 페덱스 같은 전국 배달회사들의 장점을 살려 어느 곳이든지 즉각 배달하는 시스템을 개발했다. 번잡한 뉴욕 시내를 '코즈모닷컴'이 찍혀 있는 오렌지색 상의를 입고 배달직원이 자전거를 타고 신속하게 무료로 배달하는 서비스에 모든 미국인이 감탄하여 입소문을 내기 시작했다. 이 소식은 인터넷을 통해 혹은 언론매체를 통해 전국으로 퍼졌다. 물론 처음 상품은 비디오, DVD, 비디오게임, CD, 책, 잡지, 서류 등 어깨 멜빵에 넣을 수 있는 소형이면서 가볍고 깨지지 않는 상품으로 한정 지었다.

뉴욕은 물론 LA, 시애틀 등 주요 11개 도시에서 서비스를 시작했고, 회원도 금세 30만 명으로 늘었다. 여기저기서 투자금이 몰려들었다. 미국의 아마존닷컴(6천만 달러), 일본의 소프트뱅크(3천만 달러) 등에서 2억 5천만 달러의 자금을 유치했다. 언론은 앞 다투어 코즈모닷컴의 성공신화를 대서특필하기 시작한다.

그런데 안타깝게도 그의 성공 신화는 오래 가지 못했다. 막대한 투자와 배달 비용 증가로 1999년 2천 6백만 달러의 적자를 낸 후 창업 3년 만에 3,300명 직원 중 10퍼센트를 해고하게 된다. '경영'을 몰랐던 앙팡테리블 20대 CEO인 조셉 박은 이 과정에서 심한 노사갈등으로 이어지는 등 마음고생을 하면서 경영에서 손을 떼게 되고, 스타벅스와 합의했던 1억 5천만 달러 규모의 투자유치도 물 건너가게 된다. 이렇게 '코즈모닷컴'은 기업 청산절차를 밟게 된다. 그렇게 한편의 드라마가 끝났다. 그의 곁에 경영을 아는 참모가 한 사람이라도 있었다면 진정 미국에서 코리언 드림의 완성판을 볼 수 있었는데 정말 안타깝다. 인생의 단맛, 쓴맛을 이미 경험한 경영진이 몇 분이라도 계셨으면 아마 조셉 박 같은 인물이 바로 퇴출되지는 않았으리라 본다. 그래도 그는 아직도 젊지 않은가. 다시 재기할 수 있는 나이다.

30대 초반에 평생 먹고 살 돈을 번 사례가 종종 신문의 헤드라인에 오르기도 한다. 당신도 그 주인공이 부러운 적이 몇 번 있을 것이다. 그렇다면 거꾸로 생각해 보자. 30대 초반에 남들이 말하는 성공을 거머쥔 그 젊은 사장은 남들처럼 부러워하기만 했을까? 그들은 당신이 보지 못한 길을 발견하고 물불 가리지 않고 정말 미친 듯이 매진했을 것이다. 성공할 수밖에 없는 운명으로 본인을 몰고 간 결과다.

누구나 시작할 수 있지만
누구나 성공할 수 없다

인터넷 비즈니스는 향후 FTA시대를 대비해야 한다.

요즘 시대에 가장 쉽고 간단하게 영업을 시작할 수 있는 방법은 인터넷을 이용하는 것이다. 옥션이나 G마켓 같은 오픈마켓을 이용하거나 자체 제작한 쇼핑몰을 통해 제품을 올리고 판매하는 데 장애가 없다. 인터넷을 통한 쇼핑몰 영업행위가 쉬워짐으로써 진입장벽도 없어지고 퇴출장벽도 없어졌다. 심지어는 초등학생들도 재미 삼아 물건을 사고파는 세상이 되었다. 특히 최근에는 30~50만 원 정도의 비용으로 사이트를 구축해 주는 업체도 많이 생겼다. 그러다 보니 인터넷 쇼핑몰은 총성 없는 전쟁을 치르고 있는 셈이다. 모든 제품, 기업이 그렇지만 웹사이트에서도 차별화 없이는 성공은 상상도 할 수 없다. 또 대형 유통업체가 모두 인터넷 쇼핑몰을 개설한 상황에서 소규모의 쇼핑몰 생존은 더 힘들어졌다. 하지만 인터넷의 가장 큰 장점은 누구에게나 열려 있는 개방성에 있는 만큼 포기하기는 이르다.

하지만 철저히 차별화시키지 못한다면 시도도 하지 않는 것이 좋다. 최근에는 오픈마켓에서 수억 원을 벌 수 있다고 부추기는 책들도 많은데, 정작 현실은 그렇지 못하다. 오픈마켓의 경우, 가장 돈을 많이 버는 주최는 오픈마켓의 주최 측인 옥션이나 G마켓 같은 인터넷 기업들이다.

대부분의 유통 전문가들은 독주체제에 들어서고 있는 대형마트를 추월할 수 있는 유일한 유통채널로 인터넷 쇼핑몰을 꼽는다. 인터넷 쇼핑몰 매출은 이제 자타가 공인하는 유통산업의 강자가 되었다. 2008년 인터넷 쇼핑몰은 매출 20조 원을 돌파하여 백화점 판매액을 넘어섰다. 이렇게 되면 '대형마트-백화점-인터넷 쇼핑몰'의 순이던 유통채널이 '대형마트-인터넷 쇼핑몰-백화점' 순으로 바뀌게 된다. 이처럼 쾌속행진을 하고 있는 온라인 쇼핑몰과 온라인 오픈마켓 그리고 TV홈쇼핑의 영향력은 점점 더 커질 것이다. 이들이 오프라인 유통 영역을 잠식하는 것은 시간문제다. 앞으로 10년 후를 내다본다면 지금부터라도 온라인 유통채널의 강자로 등극할 수 있는 대책을 마련해 놓아야 한다.

일본에서도 조금씩 변화가 감지되고 있다. 일본의 〈니혼게이자이 신문〉에 따르면 일본 소비자들이 값비싼 백화점이나 대형슈퍼 등 기존 종합소매점을 이용하는 횟수가 줄어드는 대신, 상대적으로 싼 전문업체에서 의류나 가전제품 같은 일상용품을 구매하는 경우가 늘어나고 있다고 전했다. 일본의 인터넷 통신판매 최대 업체인 '라쿠텐'과 야후의 지난해 12월 판매액은 월간 사상 최고를 기록했다. 신문은 인터넷 쇼핑몰의 경우 가격을 비교하여 구입할 수 있고, 집안에서 거래할 수 있는 편리함을 이유로 들고 있다. 참고로 라쿠텐은 회원 수 4,250만 명을 보유하고 있으며 매출도 전체적으로 호조를 보였다.

온라인 유통채널이 활성화되면서 누구나 매장을 열 수 있는 상황은 확실하다. 그렇다고 아무나 돈 벌 수 있는 채널은 아니다. 지금까지 소호몰로 돈을 번 사례는 운영자가(특히 여성 운영자) 직접 모델로 활약한 패션 사이트 정도다. 하지만 이젠 이런 운영자 비즈니스 모델방식도 한계에 다다랐다. 현재 영역별 우위를 점하는 사이트들은 지금부터 해야 할 작업이 있다. 그것이 바로 영어로 된 사이트 개설이다. 아무나 돈 벌 수 없는 매장이기 때문에 더욱 차별화된 온라인 매장을 유지하고 발전시키기 위해서, 더 나아가 FTA이후 시대를 대비해서 영어로 된 사이트를 미리 만들어놓고 준비하라. 영문으로 만든 사이트의 충실도를 높이면서 전 세계 네티즌을 상대로 알리고 홍보하여 글로벌 기업의 초석을 다지기 시작하라. 물론 콘텐츠를 영어로 만드는 작업이 쉽지는 않겠지만, 한-미 FTA 시대가 열리면 전 분야에 걸쳐 막대한 영향력을 행사하게 될 것이다. 수혜를 보는 곳이 있는가 하면 막대한 손실을 보는 곳도 속출할 것이다. 양지가 되는 산업은 지금부터 준비를 열심히 해야 할 것이고, 음지가 될 산업은 피해를 최소화하고 대체할 수 있는 산업 모델로 옮겨 가야 할 것이다.

대외경제정책연구원과 한국개발연구원 등 총 11개 연구기관이 내놓은 '한-미 FTA 경제적 효과 분석'에 의하면 단기적으로 교역증대 효과 등을 따져 봤을 때 우리의 실질 GDP는 약 0.32퍼센트 증가할 것이며, 장기적으로는 미국시장 선점효과, 생산성 향상효과, 서비스산업 경쟁력 강화효과 등의 영향으로 실질 GDP는 향후 약 10년간 최대 6.0퍼센트(2018년 GDP 추정치 기준 약 80조원) 증가할 것으로 예상했다는 점을 기억하자.

노무족을 공략하라

**새롭게 떠오른 젊은 오빠가 원하는
상품과 서비스로 공략하라.**

지금 집중공략하기 쉬운 고객층이 어디인지 아는가? 정답은 바로 4,
50대 남성들이다. 현재 40~50대 남성들은 소위 386세대로 베이비붐
세대이면서, 독재정권 타도를 외치며 민주화를 이끌었던 세대다. 그들
은 엄격한 아버지 밑에서 자라면서 대화 없이 자랐지만 그래도 본인
들은 자식들과 대화를 많이 하려고 노력하는 세대다. 하지만 이들은
가부장적 문화와 현재의 개방적인 가정 사이에서 고민이 많다. 또 다

른 특징을 들면 젊은이 못지않은 열정을 갖고 있다고 자부한다. 물론 경제적으로도 어느 정도 안전 궤도에 올랐기 때문에 소비를 하는 데 있어서 자유롭다.

40~50대 남성들을 '노무족'이라고도 하는데 이는 'No More Uncle'이라는 말에서 나온 신조어다. 노무족들은 스스로 자신에게 어울리는 스타일을 찾아 적극적으로 소비하는 경향이 있다. 남성도 주름, 미백 등 피부 가꾸는 데 신경을 쓰면서 중년 남성들도 향수나 기능성 화장품을 구매하는 등 남성용 화장품 판매시장이 점점 커지고 있다. 이와 함께 여성들의 전유물로 생각했던 눈가 주름, 다크서클 관리나 모공을 관리해주는 팩, 각질 제거 스크럽 등에도 중년 남성들은 관심을 보인다. 또 탈모가 시작되는 중년 남성들의 결점을 보완해 주는 부분 가발, 스타일을 변신시켜 주는 패션가발도 인기가 많아 오픈마켓에서는 중년 남성을 위한 가발 숍들도 요즘 잘되고 있다.

이처럼 노무족인 중년 남성들의 소비 경향이 변하면서 이들을 겨냥한 패션상품을 선보이는 판매자도 증가 추세를 보이고 있다. 배 나오고 검은 얼굴에 멋없는 중년 아저씨 스타일에서 벗어나 젊은이들 못지않은 감각을 자랑하며 외모 가꾸기에 투자하는 그들을 상대로 그들이 원하는 상품이나 서비스를 먼저 찾아내 팔아라.

대표적인 오픈마켓인 G마켓에 따르면 중년 남성의 패션상품 소비 증가로 3040 패션상품 매출이 전년 대비 40퍼센트 이상 증가한 것으로 나타났다. 이 중에서도 특히 최근 중년 남성들을 겨냥한 청바지나 트레이닝복 등 캐주얼 스타일 의류가 창업 트렌드로 떠올랐다는 점이다. 시간이 없거나 아직까지 오프라인 매장까지 찾아가 적극적으로 패션 관련 상품을 고르기 민망한 노무족들은 세심한 배려를 해주는 쇼핑몰을 원하고 있다.

이들 노무족은 금융자산을 많이 보유하고 있지 않지만 그렇다고 고도 성장기를 보낸 세대로서 돈이 없다고 할인점에서 '땡처리'하는 옷을 뒤지는 것을 좋아하지는 않는다. 앞으로 여행업계, 교육업계, 패션업계 등 여러 분야에서 이들을 위한 상품과 서비스가 많이 나타나리라 예측된다. 또 노무족들을 위한 음악 프로그램에 일대 혁신이 오리라 예상한다. 그 이유는 대학가요제가 이들로부터 시작된 문화이기 때문이다. 최근에도 이들을 위한 '7080'이라는 음악 프로그램이 지속적으로 인기를 끌고 있지만 복고풍의 '대학가요제' 등 그들만을 위한 음악과 예술공연의 성황이 예고된다.

노무족을 겨냥한 상품을 준비할 때, 각 상품마다 그들이 열광하는 스토리를 만들어 접근하는 것이 좋다. 물론 1970년대를 배경으로 한다면 그들이 추억을 떠올릴 수 있다면 좋은 효과를 낼 수 있을 것이다. 스웨덴 그룹 아바ABBA가 부른 '맘마미아'가 뮤지컬과 영화로 동시에 대박을 친 이유는 다 있는 것이다.

우리와 같은 노무족인 일본의 단카이 세대에게 최근에 실시한 설문조사의 내용을 보면 노무족에게 필요한 상품이나 서비스가 무엇인지 예상할 수 있다. 일본은 퇴직 후 즐길 수 있는 취미생활로 여행(국내여행 52.1%, 해외여행 37.8%)이 압도적이다. 이외에 드라이브, 영화, 연극 관람, 스포츠가 뒤를 이었고 공부를 하겠다는 답변도 많았다. 사고 싶은 물건과 예산 규모는 자동차, 오토바이, 대형 LCD TV, 홈시어터가 순위를 차지했다. 즉, 문화, 여가산업에서 전자, 자동차산업에 이르기까지 거의 모든 업종에서 이들을 위한 새로운 시장의 탄생이 예고된다. 이와 더불어 단카이 세대의 정년이 이미 시작됨에 따라 이들을 대상으로 하는 커리큘럼을 신설하는 대학들이 눈에 띄게 늘고 있다. 대학원 과정을 마치면 일반 학생과 마찬가지로 석사학위를 준다는 점을 대대적으로 홍보하기도 하고, 사립대학들도 연구회를 만들어 고령 학생 유치에 발 벗고 나서는 모습이다.

고객은 나만을 위한 서비스, 상품을 원한다

세상의 중심에 있는 나만을 위한 콘텐츠를 주어라.

소비자들은 점점 더 오직 한 사람, 나를 위한 맞춤 상품을 원한다. 자기 위주로 생각하고 행동하는 현대의 젊은세대인 '미제너레이션me generation'을 위한 상품을 파는 상점이 늘어나는 트렌드를 반영한 가게가 늘고 있다. 전 세계적으로 유명한 브랜드 상점들로 가득한 미국 LA, 뉴욕을 비롯하여 미국 대도시 유명 쇼핑몰에 인형가게가 생겼다.

세상에서 단 하나뿐인 인형으로 만드는 사람의 소망과 사랑을 담아 직접 만들어 가져갈 수 있다. '아메리칸 걸 플레이스^{American Girl Place}'
라는 매장에서는 나를 꼭 닮은 인형을 직접 만들 수 있다. 제일 먼저
이 가게에 인형을 사러 온 사람이 가장 먼저 하는 일은 매장에 있는 20
여 종류의 인형들 중에서 마음에 드는 것 하나를 고르는 일이다. 그런
후 자신만의 소망을 자그마한 하트에 써 넣은 다음 솜을 인형틀에 넣
고 인형을 완성한다. 겉모양이 완성된 인형은 마치 아기가 세상에 나
오면 물로 씻겨주는 것처럼 바람으로 샤워를 한다. 다음으로는 알몸
상태인 인형에게 옷을 입혀주어야 하는데, 이때 인형에게 어울릴 만한
옷을 고르게 된다. 세계 각국의 민속의상, 요즘 유행하는 유니폼 등 다
양한 디자인이 구비되어 있다. 여기에 아기 인형을 위한 액세서리까지
준비되어 있다. 다음으로 가장 중요한 마지막 단계, 바로 이름 등록에
들어간다. 인형에 이름을 새기는 것뿐만 아니라 마치 노트북이나 디카
를 사고 사이트에 정품 등록을 하는 것처럼 바코드 등록을 한다. 만일
잃어버린다 해도 다시 찾을 수 있도록 하는 조치인데, 누가 인형을 잃
어버렸다고 다시 매장에 와서 떼를 쓰겠는가. 이 모든 프로세스는 철
저하게 소녀 고객을 위한 이벤트 요소를 집어넣은 전략이다. 이 모든
절차를 마친 후 인형의 '출생신고서'를 받게 된다. 이러한 절차를 거쳐
세상에서 오직 유일한 인형이 탄생하는 것이다. 철저하게 한 사람을
위한 상품과 체험을 경험할 수 있는 매장은 스토리가 있으며 체험이
바탕이 된 감성 시장의 표본이다.

오직 나만 소유하고 있는 제품은 희소성과 더불어 선택된 인간이
라는 우월감까지 갖게 만드는 마케팅 전략이다. 사람과 동일한 출생신

고 과정을 만들어줌으로써 무생물인 상품에 생명을 불어 넣는 미국인의 상술은 우리에게 시사하는 바가 크다. 지금까지 없었던 개념의 재미난 매장 그리고 나만의 상품을 만들 수 있도록 제공되는 매장에 대한 신선함 때문에 많은 인기를 끌고 있다.

이와 같이 매장에 새로운 컨셉을 부여하면 여러 가지 형태의 매장이 나올 수 있다. 거의 모든 상품을 나만의 상품으로 만들 수 있다. 단순히 흰 티셔츠에 본인 사진을 넣는 수준이 아니다. 콘텐츠를 직접 만들어내고 자신이 있다면 '나만의 상품' 시장에 적극적으로 뛰어들 필요가 있다. 나만의 상품과 나만을 위한 서비스를 원하는 고객이 전 세계에서 당신을 기다리고 있다. 정형화된 상품만을 생각하지 말자. '미 제너레이션'을 위한 시장이 당신을 기다리고 있다. 이 세상의 중심은 '나'이기 때문이다.

특히 여행 관련 시장은 아직 춘추전국시대와 같다. 대부분의 사람들은 먹고 살만 하면 여행을 떠나기 시작한다. 우리나라도 1989년 해외여행 자유화 이후 매년 증가 추세인데, 여행상품의 경우 여러 사람을 동시에 만족시키기 위한 패키지 상품이 많아 상당히 고객 불만이 많은 시장 중 하나다. 많은 여행객들이 '나만을 위한 여행' 상품을 목 놓아 기다리고 있다.

CHAPTER 2

retail marketing

유통현장에 답이 있다

유통의 답은 당연히 현장인 매장에 있다. 모든 문제와 해답이 현장에 있음에도 대부분의 기획자나 마케터들은 책상 위에서 문제를 해결하려 한다. 여기서 말하는 현장이란 자신이 운영하는 매장만을 의미하지는 않는다. 직접 운영하는 매장은 물론이고 경쟁사의 매장 심지어 연관 산업의 매장까지 샅샅이 그리고 꾸준히 조사를 해야 한다. 세상이 좁아지다 보니 연관 산업끼리의 상호작용은 점점 더 커지고 있다. 그러므로 유통 마케팅을 하고 있어도 부동산산업, 금융산업, 문화산업의 흐름을 현장에 나가 점검하고 새로운 변화를 수시로 감지하는 길만이 회사의 생존과 번영을 가져올 수 있다. 그리고 1년에 적어도 한두 번은 해외에 나가 세계의 트렌드를 직접 눈으로 보고, 발로 뛰고, 귀로 들어라.

최상의 협력업체가
최고의 콘텐츠다

**거래처 사무실을 직접 방문해야 그 업체의 성격이 파악된다.
책상 위에선 절대로 알 수 없는 현장의 냄새를 맡아라.**

사장이 아무리 수완이 좋고 매입 시스템과 상품관리를 착실히 한다 해도 협력업체에 대응할 수 있는 능력이 없으면 상품 구성조차 제대로 할 수 없다. 따라서 정기적으로 협력업체별로 거래 내용과 거래 상태를 점검해야 한다. 최상의 협력업체를 보유하는 것은 최고의 콘텐츠를 보유하는 것과 같다. 이벤트와 판매방식을 수시로 개선하고 수정, 보완할 수 있는 기본적인 여건은 협력업체의 수준과 결부된다. 다시 말해 매장은 회사에서 열어놓지만 그 빈 매장에 내용물을 채워주는 것은 바로 협력업체의 몫이기 때문이다. 국제 경쟁력을 갖춘 글로벌한 마케터가 전 세계에서 상품을 매입하는 능력을 발휘할 때이다.

신규로 협력업체를 뚫을 때, 반드시 협력업체를 직접 방문해야 한다. 협력업체가 제출한 서류내용이 사실과 같은지 눈으로 직접 확인하는 과정이 꼭 필요하다. 만약 협력업체가 적어 온 내용을 그대로 믿고 통과시킨다면 나중에 문제를 일으킬 요소가 분명 있다. 2006년 6월, 스위스 명품시계로 둔갑해 우리나라 대형 백화점에 입점하여 사회적으로 큰 반향을 일으켰던 사건 역시 서류만 보고 허락하였기 때문에 감쪽같이 사기사건에 말려든 것이다.

협력업체의 사무실을 방문했을 때 문을 열고 들어가면 바로 느껴지는 그 느낌이 바로 그 협력업체의 실상이라 할 수 있다. 현장 경험이 풍부한 사람은 이 협력업체가 제대로 된 회사인지 아니면 그저 그런 회사인지 혹은 사기꾼 회사인지 분위기만 봐도 알 수 있다. 책상에 앉아서 쉽게 일을 처리하려는 사람은 절대 알 수 없다. 나도 일을 하다 보니 사무실의 문을 열고 들어서면 회사의 분위기를 느낄 수 있는 동물적 감각이 있다. 이런 감각이 하루아침에 생긴 것은 아니다. 수십 년 동안 거래처 사무실을 방문하고 협력업체와 함께 비즈니스를 하면서 익힌 동물적 근성이다.

하지만 사업을 시작한 초창기에 실수로 낭패를 본 적이 있다. 제일 처음 거래선을 개척했을 때이다. 지인의 소개로 씻지 않고 바로 밥을 할 수 있는 쌀이 국내 최초 개발되었다는 이야기를 듣고 제조업체 사장을 만난 적이 있다. 일본에서는 무세미無洗米라 하여 씻지 않는 쌀이 몇 해 전부터 시판되고 있다는 자료도 검토하고 직접 만나 이야기를 해보니 가능성이 보였다. 영업을 직접 맡는 것으로 하고 제조업체와 판매업체 간의 제판製版동맹을 맺은 셈이다. 우선 유통업체를 선정해야 하는데, 먼저 백화점을 뚫은 다음 할인점까지 들어갈 수 있었다. 매출이 기대만큼은 안 올랐지만 그래도 꾸준히 고객이 늘고 있었다. 이와 동시에 나는 국내 유력 항공사와 접촉하여 기내식으로 '바로쌀밥'을 납품하는 계약을 따냈다. 기회가 온 것이다. 기업에 납품을 하면 수익도 안정적으로 유지할 수 있기에 기반을 닦는 데 큰 도움이 된다. 문제는 이때부터 제조업체의 사장이 혼자 단독 행동을 했다. 백화점, 할인점, 항공사까지 열심히 개척해 놓은 거래처를 직접 관리하기 시작하면서 발을 빼라는 식으로 나왔다. 한마디로 '죽 쒀서 개 주는 꼴'이 되어버렸다.

사전에 아무리 계약서를 잘 작성해 놓았어도 한쪽에서 일방적으로 파기하면 손을 써볼 방법이 없는 상황인 것이다. 제판동맹을 맺었다 할지라도 세금계산서의 명의가 어디로 되어 있는지가 중요하다. 영업만 맡는다 하더라도 매출처에 제출하는 세금계산서의 명의는 본인 회사의 것으로 해야 한다.

협력업체를 선택할 때에는 상당히 신중에 신중을 기해야 한다. 작든 크든 규모에 상관없이 회사 간 맺은 신의와 계약이 순식간에 휴지조각으로 바뀔 수 있다. 특히 을의 입장에 있는 회사는 더욱 상대방에 대한 신뢰 부분에 사전 점검을 철저히 해야 한다. 노파심에 덧붙이

자면 사회에서 을의 입장으로 살아간다는 것은 간과 쓸개를 옷장 깊숙이 감춰놓고 출근해야 한다는 진실 아닌 진실을 잊지 마라.

올바른
재고자산 관리 7계명

실수는 누구나 한다.
그러나 실수를 무서워하면 그 어떤 창조도 할 수 없다.

초보 사장들은 매입 실수를 자주 한다. 하지만 제조업체로부터 구매하는 상품 전량을 사들여야 하는 현실에서 실수하게 되면 운영자금에 문제가 생긴다. 따라서 매입 과정에서 실수를 하면 바로 가격을 인하한다. 하지만 '가격인하'라는 극약처방을 내놓기 전에 해야 할 일은 매입에 관한 매뉴얼을 미리 작성해 놓고, 구매업무를 처리하는 것이다. 지금까지 대형유통업체 대부분에서는 입점업체에 매입을 위임한 형태로 진행했다. 그 때문에 재고에 대한 부담이 전혀 없었다. 하지만 중소상인 대부분은 스스로 전량 매입방식을 채택할 수밖에 없는 상황이다. 그러나 중소상인들은 매입에 대한 피해를 최소화하고 재고자산의 원활한 운영을 위해서 매입 관련 준비를 철저히 해야 한다. 그래서 매입 실수를 일으키는 원인을 미리 진단하고 예방할 필요가 있다.

가격인하 조정의 첫 번째 이유는 매입할 때의 실수다. 고객이 원하는 것을 분석하지 않고 상품계획을 수립해 버리면 고객이 원하지 않는 상품군이 어느새 증가해 버린다. 소비자의 욕구와 필요를 정확히 파악해 팔리는 상품만 매입해야 한다. 언뜻 보면 소비자가 찾을 만한 물건을 가져다 놓는 것이 쉬워보이지만 실제로는 그렇지 않다. 그렇다면 재고자산을 올바로 운영하기 위해서는 어떻게 해야 할까? 다음의 7가지 사항만 지켜도 실수를 줄일 수 있다.

소량 발주와 일일 발주 방식을 택한다

중소상인들이 저지르는 흔한 실수 중 하나가 감각만으로 발주량을 정하는 것이다. 즉, 다량의 발주가 문제다. 초보 상인은 자신이 갖고 있는 정보가 상당히 많은 듯 착각하기 쉽다. 하지만 실제로 이는 극히 한정된 것에 불과하다. 바꾸어 말하면 자신과 거래하는 생산업체나 도매업체가 제공하는 정보에 의존하는 경우가 태반이다. 따라서 해당 제조업체가 "올해에는 화이트가 주요 컬러다"라고 하면, 묻지도 따지지도 않고 그대로 따른다. 그 결과가 '가격인하'다. 팔릴지 안 팔릴지도 모르는 상품을 모양만 갖추어 대량 발주하고 나중에 가격을 조정하는 방식은 지양해야 한다. 나중에 반품 때문에 골치만 아프다. 가능한 한 소량 발주와 일일 발주 방식을 택하도록 하자. 이는 적립식펀드의 운용 기법과 일맥상통한다. 적립식펀드가 인기인 이유는 '복리효과'에 따른 치밀한 접근에 있다. 투자 원금에 대한 이익을 계속 재투자하여 횟수를 거듭할수록 돈을 버는 방식인 복리효과를 노린 것이다. 또한 위험을 시간이라는 요소로 분산시켜 분산투자의 효과를 볼 수 있다.

트렌드와 디자인의 변화를 수시로 점검한다

어떤 사장이든 아무 생각 없이 매입하지는 않겠지만 고객으로부터 매장에 구색이 안 맞는다는 표현을 들었다면 문제가 있다. 고객이 원하는 스타일, 디자인 혹은 소재가 없다면 트렌드를 잘못 읽은 것이다. 21세기에는 디자인의 중요성이 점점 더 커지고 있다. 이제 디자인은 일개 상점의 매입 문제를 넘어서 국가와 기업 혁신의 중심에 자리 잡고 있다. 디자인은 서비스와 제품을 시장에서 차별화시킬 수 있는 중요한 요소이며, 소비자의 마음을 사로잡을 수 있는 가장 큰 경쟁 요소로 자리매김하고 있다. 지금은 트렌드에 촉각을 세우지 않으면 항상 뒤처진 디자인과 재고로 남은 상품을 싼 값에 매입하고 헐값에 대량처리를 할 수밖에 없는 '정보의 시대'이다. 참고로 IT분야의 디자인은 소비자가 극적인 단순함을 경험할 수 있도록 간결성과 사용 편리성에 힘을 쥐야 한다. 간단명료한 인터페이스를 제공해야 하며, 언제 어디서든 네트워크와 연결해 관련 정보를 입수할 수 있게 하는 것도 필수 '기능'이다.

업계 전체의 생산량 정보를 점검한다

제조업체가 많아질수록 그 해의 생산량이 많아지고 경쟁도 치열해진다. 그에 따라 출하 초기 가격은 서서히 내려간다. 따라서 사전에 좋은 상품에 대한 업계 생산량이 얼마나 되는지 검토해야 한다. 물론 그러한 상품을 매입하면 안 된다는 뜻은 아니다. 매입에 대한 대응을 미리 고려하라는 의미다. 수요와 공급 법칙에 의한 자연 가격인하 현상이 발생하는 것이다. 나만이 공급할 수 있는 상품을 팔아야 마진율이 좋다.

타이밍은 모든 것을 뒤집을 수 있다

타이밍을 맞추는 것은 정말 중요하다. 타이밍을 맞추려면 업계 전체 동향을 살펴 지나치게 빨리 발주하거나 너무 일찍 매장에 진열하지 말아야 한다. 가을 상품을 8월 초순부터 진열하면 막상 9월 실수요 시기에는 고객의 입장에서 싫증이 날 수 있다. 특히 큰 실수는 재발주 상황이다. 지금 잘 팔린다는 이유 하나로 발주와 납품의 리드타임을 생각하지 않고 재발주해서는 안 된다. 특히 최종 발주는 그 양과 시기를 충분히 고려해야 한다. 타이밍만 좋다면 어떤 상품도 잘 팔릴 수 있다.

제조업체·도매상 등의 거래처와의 유대를 강화한다

매입이란 혼자 하는 것이 아니다. 제조업체와 도매업체 등 협력업체와 협동으로 이루어진다. 협동으로 실수를 방지할 수 있도록 노력해야 한다. 인간이라면 누구나 상대에 따라 호불호가 있다. 2~3개의 한정된

도매업체와 의가 좋아지면 그 정보까지 한정되게 마련이다. 이들 상품이 히트하면 좋겠지만, 흐름이 변하면 재고가 증가할 수 있다. 네트워크 경제에서 최고경영자는 더 이상 전지전능한 지배자가 아니다. 따라서 최고의 정보와 전문지식을 함께 활용할 수 있는 프로세스를 만들어야 한다.

소비자가 순순히 응할 수 있는 가격을 책정한다

가격인하의 둘째 원인은 가격 책정의 실패다. 초보 사장들은 대부분이 첫 거래에 낙천적인 편이다. 제조업체가 상품을 가져오면 납품가를 원가로 하고 이익분을 얹어 소비자가격을 결정하거나 제조업체가 권하는 가격을 소비자 판매가격으로 덜컥 결정한다. 가격을 정할 때에는 구매고객을 자극할 수 있는지, 또 구매고객의 입장에서 어느 선에서 구매하겠느냐가 주체가 되어야 한다. 원가에 얼마를 얹는 방식은 가능한 한 피해야 한다. 따라서 적정가격이란 개념을 항상 염두에 두어야 한다. 그렇지만 대부분의 초보 사장들은 제조원가에 일정 마진을 더하기 하듯이 올려놓는 방식을 채택한다. 이제부터라도 고객이 지갑을 순순히 열 수 있는 가격을 책정하는 시스템을 만들어라.

경쟁업체의 가격조사를 주기적으로 한다

똑같은 상품 또는 같은 계열 상품이 다른 경쟁 매장에서 얼마에 판매되는지는 매우 중요하다. 경쟁매장의 가격조사를 하기 어려울 때 사용하는 수법이 '국내 최저가 보상제'이다. 이는 우리나라 할인점에서 많이 사용했던 '방법'이다. 몇 만 개의 경쟁사 상품 가격을 조사한다는 것이 사실 불가능하다. 그래서 묘안을 낸 것이 '국내 최저가 보상제'라는 편법이다. 이 제도는 할인점 입장에서 충분한 효과를 거두었다. 경쟁매장과 일개 상품의 가격 차이는 불과 500원 미만이었다. 그에 비해 가격 대비 최고의 언론홍보 효과를 누릴 수 있었다.

매장에서
죽을 각오로 일하라

매장은 고객이라는 관객과 함께 만들어가는 연극무대다.

연극을 하는 연극인의 소원은 연극을 하다가 무대에서 죽는 것이라고 한다. 그렇다면 마케터가 매일같이 가는 곳은 어디인가? 바로 상품이 진열되어 있는 매장이다. 최고의 마케터라면 매장에서 숨을 거둘 각오로 임해야 한다. 그만큼 현장은 가장 중요한 정보를 주고받는 기지이면서 삶의 터전이다.

특히 중요한 의사결정은 현장에서 이루어질 때가 많다. 물론 요즘은 PDA, 무선컴퓨터 등이 발달하여 매출과 관련된 데이터를 쉽게 보면서 매장 내에서 의사결정을 할 수 있기 때문에 예전에 비하면 많이 쉬워졌다. 하지만 급변하는 유통현장를 살피는 데 현장감이 떨어져서는 안 된다. 유통은 그야말로 살아있는 정보의 보고寶庫다. 그곳에서 일어나는 일련의 변화와 양태를 예의 주시하게 되면 앞으로 어떻게 대응해야 하는지 그 방향성까지 예측할 수 있다.

일주일 중 가장 바쁜 시간에 매장으로 나가 고객의 반응과 판매원의 대응을 보고 문제점을 파악하라. 보이지 않는 손실을 줄이기 위해서는 어떤 대비책을 가져야 하는지도 연구하라. 만약 새로운 기획안을 집행하려 한다면, 기획을 실행에 옮기기 전에 반드시 현장에서 그 기획이 어떻게 실현될 것인지 미리 현장 판매원들에게 분명히 전달해 두어야 한다. 직원들에게 어떤 영향을 줄 것인지, 얼마나 많은 고객들이 고객 동선을 망가뜨리면서 구매하는지를 미리 살펴야 한다. 많은 고객들이 몰려들어 상품을 만져볼 때 상품진열은 어떻게 해야 하는지 그리고 수많은 인파 속에 있는 좀도둑을 어떻게 분리, 관리할 수 있는지 등 사전 도상훈련 없는 기획안은 허구에 지나지 않는다. 또한 마케팅 4P와 4C를 합한 기획안이 바이어 의도대로 움직일지를 미리 점검하지 않는 사람은 책상 위에서 만리장성을 쌓는 사람이다.

서울 동숭동에 있는 연극무대를 가보라. 연극무대에 나온 주인공의 숨소리와 땀 한 방울까지 한 눈에 보이고 그 숨소리까지 바로 눈앞에서 전개되는 것을 느낄 수 있다. 이것이 바로 연극이 주는 묘미 아닌가. 연극단원은 객석에서 반응하는 관객들의 숨소리 하나까지 느끼면서 연극에 몰입한다. 즉, 연극단원과 관객이 혼연일체가 되어 한 편의 연극이 끝나는 것이다. 이와 마찬가지로 매장도 같은 개념이 성립된다. 고객과 같은 곳을 쳐다보고, 고객과 함께 울고 웃는 곳이 바로 매장이라는 뜻이다. 그렇다면 매장을 지키는 판매원과 바이어는 어떤 준비를 해야 할까.

백화점 매장을 담당하던 시절이었는데, 겨울 바겐세일 행사를 할 때 벌어진 일이다. 행사 중에 실제 도난 사건이 발생한 것이다. 고객이 잠시 입고 온 모피코트를 벗어두고 옷을 입어보려고 한 순간, 모피코트가 없어진 것이다. 그야말로 눈 깜짝할 사이에 벌어진 일이다. 오래전에 일어난 일이지만 지금 생각해도 참으로 당황스럽고 경황이 없었다. 다행히도 그 고객의 남편이 모든 문제는 아내의 실수로 벌어진 일이니 백화점 측에 책임을 묻지 않겠다고 하여 일단락되었다. 하지만 미리 도난 사건을 예상하고 준비하지 못하여 벌어진 사건이다. 매장을 담당하는 판매담당에게 업무를 맡긴다면, 바겐세일 때 고객이 몰리는 코너에 경비원을 함께 배치하는 등 엄중한 사전관리를 해야 한다. 어느 매장이든 마찬가지다. 소 잃고 외양간 고치는 우를 범하지 마라.

매장은 고객이라는 관객과 함께 만들어가는 연극무대다. 매장에 투입되는 신입사원들 가운데는 고객과의 만남이 상당히 어색하고 불안전한 모습을 보이는 사람도 많다. 제대로 교육을 시킨 후에 신입사원을 매장에 투입시켜야 하는데 일부 매장에서는 그만한 시간을 들이지 않고 바로 매장에 투입하게 된다. 이에 반해 잘 나가는 매장에는 늘 고객과 함께하는 매니저가 있다. 고객과 호흡을 함께하는 매니

저가 있는 매장으로 고객이 몰리는 것은 당연한 일이다. 매장에 있는 직원은 고객이 흥미를 가질 만한 스토리를 준비하고, 막을 멋지게 내리는 하루하루의 연극처럼 자신이 맡은 역에 충실하여 성황리에 마무리를 하자.

고객의 동선까지
세심히 살펴라

흥이 나고 볼거리가 많은 편 매장을 계획하라.

소품 전문매장 '코즈니'를 가본 적이 있는가. 코즈니에는 기존 매장과는 다른 것이 눈에 띈다. 수십 종의 소품으로 가득 차 있는 매장은 무질서해 보이지만 나름의 질서가 존재한다. 진열된 상품들 사이로 난 좁고 복잡한 통로에는 사람들로 가득하다. 일부러 고객 통로를 좁게 하여 사람이 많이 있는 것처럼 보이는 고도의 전략이기도 하다. 그곳을 이용하는 고객들 대부분은 10~20대의 젊은 여성들이다.

매장 상품진열 방식도 언뜻 보면 어지럽게 보이지만 사실 고객의 즐거움과 편안함을 유도하기 위한 치밀한 계산이 깔려 있다. 펑키, 모던, 클래식, 컨트리 스타일이 뒤섞여 있다. 천장에 매달려 회전하는 돼지 모빌이나 사람의 신체부위를 본뜬 쿠션 등 엉뚱하고 장난기 가득한 상품들도 많다. 어디에서 어떤 상품을 만날 수 있는지 예측하기 힘들어 마치 보물찾기를 하는 듯한 기분이 들기도 한다. 이러한 형태의 매장이야말로 고객에게 즐거움을 선사하는 즐거운 매장이 아닐까? 코즈니는 볼거리도 많고 또 고객이 마음껏 놀 수 있는 공간이다. 보통은 매장에서 사진을 찍으려고 하면 매장 직원으로부터 제지를 받게 된다. 그래서 몰래 사진을 찍을 수밖에 없다. 하지만 이곳에서는 재미있는 연출을 하고 마음껏 사진을 찍을 수 있다. 백화점이든 어디든 고객은 단지 상품을 구매하러 온다기보다는 소풍 나온 듯한 느낌으로 매장을 자유롭게 거닐고 싶어 한다. 물론 경제력이 있고 어느 정도 연세가 있는 고객들이 찾는 매장은 쾌적하고 안락한 공간이 되도록 신경 써야 한다. 가만히 코즈니 매장을 살펴보면 통로도 의도적으로 좁고 복잡하게 구성해 놓고 계산 카운터에서도 일부러 줄을 서도록 만들었다. 매장의 동선을 곡선형으로 만들어 마치 연인이나 친구끼리 산책하는 기분을 느끼게도 해준다.

우리 전통시장도 펀 매장으로 거듭날 수 있는 방법은 없을까? 요즘 전통시장도 고객을 끌어들이기 위해 새롭게 단장을 하는데 대부분이 개폐형 아케이드 방식의 천장으로 탈바꿈하는 데 그치고 있다. 고객이 바라는 전통시장은 북적거리고 왁자지껄하고 사람 사는 냄새가

물씬 나는 공간일 것이다. 그런데 막상 전통시장 대책위원회가 발표하는 내용을 보면 그저 새로운 할인점을 다시 만들려는 계획에 그친다. 계획에 따르면, 십여 년 전 일본의 재래시장 활성화 대책과 마찬가지로 매장 천장을 멋지게 만들어 비와 햇빛을 막고 통로는 카트가 지나갈 수 있도록 길을 넓히는 데 급급하다. 이는 전통시장이 갖고 있는 업의 특징을 전혀 고려하지 않은 개선안이다. 고객들이 좋아할 만한 또 끌어들일 만한 동선을 생각하지 않고 그저 옛날처럼 바둑판형으로 길고 곧게만 만들고 있다. 이는 오히려 전통시장을 현대화한다는 목적으로 시장을 오히려 죽이는 결과를 초래할 수 있다. 전통시장 현대화 사업에 지원을 해주려면 전통시장을 2층 혹은 3층으로 올리는 사업을 적극적으로 검토해 주길 바란다. 땅도 비좁은데, 단층 건물로 한정 짓지 말고, 2층 혹은 3층으로 매장을 넓혀 주길 바란다. 복층구조 매장을 통해 소비자에게는 더 많은 휴게공간, 주차공간, 문화공간을 제공해 줄 수 있기 때문이다.

우리의 전통시장은 원래 왁자지껄하면서도 정이 듬뿍 담긴 컨셉을 잘 유지해야 한다. 기존의 대형마트처럼 만들면 전통시장만의 독특함이 사라질 수밖에 없다. 전통시장은 어깨도 부딪치고, 가격 흥정도 하고, 고객과 서로 밀착관리가 되게끔 해주는 것이 필요하다. 전통시장은 '흥정'을 통해 인간적 정이 오가는 공간이다.

고객을 붙잡는
10가지 방법

고객을 매장에 오래 머무르게 해야 매출도 오른다.

고객에게는 보이지 않지만 고객을 유치하기 위한 기업의 보이지 않는 노력은 곳곳에 숨어 있다. 이번에는 마치 숨은 그림 찾기와도 같은 잘 보이지 않는 고객에게 숨겨진 열 가지 마케팅 기법을 소개하고자 한다. 이 10가지 보이지 않는 기법의 목표는 고객을 매장에 오랫동안 머물게 하는 것이다. 고객이 매장에 오랫동안 편안하게 머물도록 유도하는 것이 매출 상승과 직결되기 때문이다.

직선 3백 미터 이상으로 매장을 설계하지 않는다

백화점은 고객들을 오랫동안 붙잡아두는 것을 가장 큰 목표로 삼는다. 쇼핑몰을 처음 설계할 때 고객들의 동선을 고려하여 매장 길이를 정하게 된다. 매장의 동선을 따라 고객에게는 각종 구매 정보와 매력상품을 펼쳐서 전시한다. 특히 구매심리가 자극적이고 충동적인 여성 고객을 대상으로 백화점 디자이너들은 많은 노력을 기울인다. 조명장치, 실내온도는 물론이고 매장 사이 공간까지 모두 구매심리를 자극하기 위한 심리학과 과학적인 기법들이 동원된다.

미국의 고객들은 차에 대한 의존도가 높아 3백 미터 이상의 거리는 여간해서 걷지를 않는다. 그래서 대형 쇼핑몰일지라도 건물 설계자 혹은 디자이너들은 복도 양끝이 3백 미터 이상이면 안 된다는 것을 명심하고 있다. 홍콩의 유명 쇼핑몰도 복도가 긴 매장으로 유명하지만 3백 미터를 넘는 쇼핑몰은 아직 없다.

가격을 정할 때는 단수가격 전략으로 한다

얄팍한 상술이라고 치부해 버릴 수 있지만 실제로 많은 소비자들이 이런 가격 결정에 쉽게 당하고 만다. 끝자리들이 너저분하게 붙어 있기는 하지만 이것저것 세밀하게 계산하여 정해졌다는 인상을 주기에 끝자리가 똑 떨어지는 가격에 비해 신뢰를 준다. 아울러 시각적으로 정보를 읽는 순서상, 한 단계 낮은 가격에서 출발하기에 훨씬 싸다는 인상을 준다. 9만 9천 원과 10만 원은 1천 원 차이에 불과하지만 첫 번째 숫자만을 놓고 보면 얼핏 1만 원의 차이로 느껴지는 것이다. 이는 특히 소비자들이 쇼핑을 하기 전, 일정 액수 이상은 사지 않겠다는 심리적 가격 저항선을 보통 1만 원, 5만 원, 10만 원과 같은 단위로 정하고 있어 이를 극복하는 데 효과적이다.

궁합이 맞는 상품끼리 배열한다

세탁기 매장 옆에 세제를 놓거나 식품매장 옆에 식기류 매장이 있는 것은 동시 소비를 유도하는 디스플레이 기법이다. 커피메이커 판매대 옆에 예쁜 잔과 전기 스탠드를 설치해 놓는 것은 그 분위기까지 구매를 유도하는 디스플레이 기법이다. 또한 조사에 따르면 스트라이크 존은 상점공간의 50퍼센트에 불과하지만 제품 판매량의 90퍼센트를 차지한다. 그래서 백화점 매장 진열대 3층은 스트라이크 존으로 통한다. 4개 층으로 짜여진 대부분의 진열대에서 유독 3층에 놓인 상품은 바로 스트라이크 존으로 매출이 가장 큰 비중을 차지한다. B급 상품은 3층의 위, 아래인 4층과 2층을 차지하고 C급 상품은 맨 아래층인 1층에 놓이게 된다.

음악으로 구매력을 촉진한다

매장 음악을 통해 점격店格과 매장이 지향하는 이미지를 음악으로 표현할 수 있다. 매장에서 퍼져 나오는 음악을 들으면 그 매장의 품격을 알 수 있다. 물론 오전과 오후 시간대별로 다른 음악이 나오지만 음악의 선곡은 대단히 중요하다. 내부의 음악 전문가가 필요한 분야이지만 대부분 외부업체에 맡긴다. 매장의 음악이 구매고객에게 심리적 안정감 혹은 불안감을 줄 수 있는 가장 큰 요소임을 잊지 마라. 앞에서도 강조했지만, 매장에서 흘러나오는 음악을 통해 1일 매출달성을 자체 직원에게 알려주는 기능과 함께 비상 시를 대비한 암구호도 매장음악을 통해 전달할 수 있다.

눈에 보이지 않는 향기로 고객을 유혹한다

최근에 더욱 연구해야 할 분야 중 하나가 바로 향기다. 눈에 보이는 것이 전부가 아니다. 고객의 눈에 보이지는 않지만 혹은 들리지는 않지만 기분 좋게 하는 그 무엇, 고객이 자신도 모르게 끌려가는 그 곳, 이는 대단히 고차원적인 고객 접객 마케팅 기법이다. 마치 누군가에 이끌려 그 매장 앞까지 가게 되는 자신을 발견하게 되는 그런 향기 마케팅을 구사하는 매장이 더 많아져야 할 것이다. 아직 국내에는 향기 마케팅 전문가가 많지 않기 때문에 충분히 가능성이 있으며 발전할 수 있다.

날씨에 따라 고객의 마음은 수시로 변한다

날씨를 예상하고 분석하는 일은 유통업체에서는 필수사항이 되었다. 특히 신선도가 생명인 채소, 과일, 수산물 등 계절상품은 날씨에 따른 소비 예측이 필수다. 그래서 지역별 날씨를 예보해 주는 회사 매출이 계속 늘어가고 있다. 날씨와 구매의 상관관계에 민감한 업체는 의류 · 레저 · 유통 · 음료 업계를 들 수 있다. 이들 업계에서 날씨를 무시한 매출전략과 재고전략을 짜면 수요나 재고 관리에 상당한 차질이 생길 수 있다. 따라서 날씨 관련 기관을 통해 날씨정보를 미리미리 입수하는 서비스를 이용해 볼 필요가 있다. 참고로 '대한민국 기상정보대상'에서 금상을 받은 보광 훼미리마트의 경우 전국 3천여 점포에 오늘과 내일의 기상예보를 4시간 단위로 알려 날씨에 따른 인기 예상 품목을 사전에 발주하고, 진열 상품을 바꾸며, 재고를 관리하고 있다.

시대가 원하는 컬러는 따로 있다

디자인과 더불어 컬러 마케팅 역시 전문가의 도움이 필요한 영역이다. 대문호 괴테의 말에 따르면 인간은 색을 보게 될 때 커다란 기쁨을 느낀다고 한다. 나라마다 선호하는 색도 다르고 색에 대한 금기도 다르다. 또한 시대나 환경에 따라 주요 컬러가 변한다. 예전에 우리가 빨간색을 흔히 사용하지 않았지만 월드컵 이후 빨간색을 자주 사용하는 것을 봐도 시대에 따라 컬러는 바뀐다. 매장의 전체 색감, 고객과 상품과 매장 인테리어와 조명 간의 관계설정 등 전반적인 컬러 마케팅이 점점 더 중요해지고 있다.

이젠 무조건 덤 마케팅은 안 된다

"공짜면 양잿물도 마신다"라는 속담이 있다. 우리나라의 모든 백화점들이 앞다투어 쓰는 '덤 마케팅'에는 사은품이 있다. 얼마 이상이면 이것, 저것 중에서 하나를 고를 수 있는 사은품 마케팅이다. 승용차, 컴퓨터, 휴대폰 심지어 아파트 한 채를 경품으로 걸고 고객을 유혹한다. 세상이 점점 분화되고 개인매체가 발달하면서 세일즈 프로모션이 미치는 영향도 커졌다. 아주 간단한 공짜 이벤트를 뛰어넘어 이제는 그 시대의 문화 아이콘 수준으로 격상시킬 수 있는 세일즈 프로모션을 요구하고 있다.

한정판매는 고객의 평상심을 흔든다

일부러 판매하는 상품의 수를 한정하여 소비자의 구매를 재촉하는 기법이다. 한정된 양으로 소개는 하지만 그렇지 않은 경우가 더 많다. 혹은 시간을 한정해서 실시하는 타임 세일도 한정판매의 일종이다. '한정'이라는 단어를 통해 소비자의 평상심을 흐트리는 전술에 넘어가지 않으려면 소비자는 항상 이성적인 구매에 집중해야 할 것이다. 그렇지만 눈앞에 펼쳐지는 세일에 소비자의 지갑은 저절로 열리게 되어 있다.

조명에 따라 상품은 시시각각 바뀐다

빛이 상품에 닿은 방향에 따라 느낌도 변한다. 자연스러운 느낌을 주기 위해서라면 정면에서 비추는 것보다 경사지게 조명을 비추면 효과가 있다. 조명을 바로 위, 아래, 뒤에서 비추는 것은 상품을 신비스럽게 하거나 더욱 세련되게 하는 효과를 가져다 준다. 외국의 경우 매장 내에서 빛을 이용한 디스플레이가 점점 진화하고 있다. 최근에는 '빛나는luminous'과 '상품product'의 합성어인 루미덕트lumiduct가 히트를 하고 있다. 빛을 활용한 디자인 혹은 빛 콘셉트를 채택한 제품을 뜻하는데, 빛을 응용하는 분야는 앞으로 고부가가치를 만들어낼 수 있는 분야임에 틀림없다.

    대부분 국내 백화점 어디를 가도 창문이 없다. 창문을 통해 들어오는 자연채광은 상품을 변색시키기 때문이다. 특히 의류에는 치명적이다. 또한 벽면 디스플레이에 많은 비중을 두는데 창문이 있으면 상품을 눈에 띄게 진열할 장소가 없어진다. 더구나 상품을 품위 있게 보여주는 조명에 햇빛은 적이나 다름없다. 가장 중요한 이유는 쇼핑을 하는 동안 몇 시간이 흘렀는지 알 수 없게 하기 위해서는 햇빛이 들어와서는 안 된다는 것이다. 당연히 벽에는 시계가 없다. 그래서 고객 체류시간을 최대한 늘릴 수 있는 것이다. 계획 구매가 이뤄지는 제품들을 맨 위층으로 포진시킨다. 매장 접근이 어렵고 힘들어도 반드시 찾아가기 때문에 위층에 배치한다. 내려오는 길의 충동구매를 노리기 위해 '분수효과'라는 전략을 세운다.

신규고객 100사람보다
기존고객 한 사람이 중요하다

고객을 평생친구로 만들 수 있는 방법에 집중하라.

기업들은 새로운 고객 유치하는 데 많은 힘을 쏟는다. 그런데 마케팅에 신경을 쓰는 회사를 보면 항상 신규고객 유치를 위한 사은품을 증정하는 일이나 회원가입에 예산을 집중하여 집행하는 경우가 많다. 하지만 진정한 이익을 가져다주는 객체는 신규고객이 아니라 기존고객이다. 한 번이라도 물건을 구매한 경험이 있는 고객 한 명을 철저히 관리하는 것이 신규고객 열 명 유치하는 것보다 중요하다. 이는 대부분의 업체가 간과하기 쉬운 명제다.

우선 기업과 제품의 특성에 따라 고객을 분류해야 한다. 고객 중에서 수익성이 있는 고객, 연계 또는 상승세를 유도할 수 있는 고객에 대한 고객 CRM이 필요하다. 어떤 고객이 회사와 더 깊은 관계를 맺고 이를 유지하며 발전시킬 수 있는가를 미리 파악하는 작업을 동시에 진행해야 한다. 그렇게 해야 쓸모없는 고객에게 무조건 친절하지 않을 수 있다. 즉 어떤 고객이 더 큰 가치를 가지고 있으며 잠재가치가 누가 더 높은지를 분석해야 이에 발맞추어 마케팅 자원을 적절히 분배할 수 있다.

"고객을 왕처럼 모시라"는 말을 많이 한다. 신하처럼 왕의 말을 잘 들으라는 뜻이다. 하지만 왕도 왕 나름이다. 폭군을 보고 왕이라 할 수는 없지 않은가. 이와 마찬가지로 고객도 고객 나름이다. 예를 들면 '할인 고객'은 당신의 사업에 흑자보다는 적자를 낳을 가능성이 높다. 그들은 주변 사람 누구에게도 당신 회사나 제품에 대해 말하지 않는다. 그리고 제품의 품질에 대해서도 제대로 평가하지 않는다. 심지어 공짜로 받은 사은품에 대해서조차 한마디도 하지 않을 것이다. 대부분 그런 부류의 고객층은 가격에만 반응을 보인다. 가격만 보고 매장을 찾고 물건을 찾았던 사람들은 더 싼 물건이나 가게가 있으면 언제든지 다른 곳으로 떠날 채비가 되어 있다. 당신이 지금 하고 있는 사업의 업에 대한 정의가 제대로 되었다면 악연으로 이어지는 고객과는 빨리 관계를 정리하는 것이 이득이다.

오픈마켓에 입점하여 판매를 해본 결과 3만 원 이하의 저가상품을 구매한 고객이 불평, 불만, 환불, 반품 요청도 많다는 사실을 발견했다. 저가상품의 경우 반품, 환불을 하면 물류비에서 오히려 마이너스 마진, 즉 손해가 발생하는 경우가 많다. 오픈마켓은 다른 시장에 비하여 더 철저하게 가격에 초점이 맞춰져 있다. 그러니 조금이라도 비싼 가격으로 구입했다는 것을 알면 바로 반품하거나 교환하려는 심리가 작용한다. 회사의 가장 큰 경쟁력이 '가격'이라면 그 경쟁력이 떨어지는 순간, 고객은 뒤도 돌아보지 않고 등을 돌리게 되어 있다. '비가격' 요소를 발굴해서 핵심역량으로 키우는 것이 필요하다. 또한 불량고객과 하루라도 빨리 관계를 끊어야 미래의 고객 한 명이라도 더 늘리는 데 집중할 수 있다. 불량고객과 다툴 시간에 새로운 시장 기회를 발견해라. 그리고 불량고객과는 가능한 한 싸움도 하지 마라. 지는 것이 이기는 것이다. 만일 불량고객을 만나더라도 가능한 한 그들이 원하는 대로 해주는 것이 더 큰 비용 손실을 막는 길이다.

GE의 소비자금융 장비 리스팀은 지난 2005년 영업망을 늘리지 않고도 3억 달러(약 4200억원) 가량의 추가 매출을 올렸다. 이는 새로운 목표고객 선정기법을 도입해 1만 곳의 잠재고객을 새로 발굴하고, 고객 분포에 따라 기존 영업사원과 지점을 재배치한 '과학적 영업'의 성과였다. 지금까지 GE 장비 리스팀은 과거 거래실적에 따라 고객등급을 나누었다. (우리도 아직까지 이와 유사한 방식을 채택하고 있다.) 당연히 거래실적이 많은 고객이 최우선 고객이었다. 하지만 2004년부터 과거 실적뿐만 아니라 미래의 거래 가능성까지 고려해 고객 우선순위를 재분류했다. 그 결과 고객 기업의 성장 가능성과 고객 기업이 속한 지역과 산업의 동향, 장비 리스에 대한 수요와 투자예측금액이 실제 매출과 상관관계가 높은 것으로 나타났다. GE는 상위 30퍼센트의 최우선 잠재고객을 선발하고, 잠재고객의 위치와 매출액 추정치에 따라 영업지점과 영업사원을 재배치하여 높은 실적을 올렸다. 이것이 바로 '고객의 평생가치' 개념이다. 과거의 실적뿐만 아니라 앞으로 일어날 미래 매출을 미리 산출해내는 과학적인 시스템을 동원하여 고객을 평생 친구로 만드는 것이다.

지금 당신의 회사는 기존 고객에게 얼마나 많은 혜택을 주고 있는지 한번 점검해 보라. 기존 고객에게 어떤 혜택을 줄 수 있는지를 생각하고 기획안을 작성해 보라.

나는 인터넷쇼핑몰을 운영하고 있는데 예전에는 회원을 늘리기 위해 값비싼 경품 이벤트를 가끔 진행했다. 이벤트를 진행할 동안은 신규 회원 가입 수는 늘었지만 안타깝게도 실제 구매까지 이어지는 경우는 단 한 건도 없었다. 또 경품 비용만 쓰고 효과를 거의 보지 못한 적도 많았다. 더군다나 당시 회원가입을 할 때 적어준 이메일이 대부분 가짜 이메일이거나 사용하지 않는 이메일이었다는 점이다. 신규 고객을 유치하기보다는 한 번이라도 제품을 구입한 고객을 중심으로 마케팅 계획을 세우는 것이 훨씬 낫다. 회원 숫자에 연연할 필요가 없다. 회원 수가 아무리 많아도 실제 구매하지 않는다면 무슨 소용이 있겠는가.

요즘은 고객관리 소프트웨어 프로그램이 잘 발달하였기 때문에 잘만 활용한다면 기존 구입고객 관련 자료를 분석해서 평생고객으로 끌고 갈 수 있는 방안을 찾을 수 있다. 일회성에 그치지 않고 평생고객으로 만들 수 있는 프로그램을 구축하는 사전작업이 필요하다. 일회성 마진이 높은 고객에게 정성을 쏟는 것은 단발성 장사꾼이나 하는 짓이다. 최고의 사업가는 순간의 이익에 목숨을 걸지 않는다. 대신 고객의 가치에 대한 기준을 확립하여 이를 토대로 평가하고 가능한 한 매출을 최고로 올릴 수 있도록 한다.

평생고객의 가치가 있다고 판단되면 집중 관리해야 한다. 고객의 평생가치를 극대화하기 위해 고객의 구매행동을 연구해라. 백화점의 고객관리팀은 모니터 요원이 한 가정에 체류하면서 가족의 생활패턴을 조사해야 한다. 이를 통해 매장에서 취득 가능한 구매 데이터만으로 알 수 없는 정보를 입수해야 한다. 매장을 찾아오는 고객을 관찰하여 정보를 입수할 수도 있다. 중요한 것은 매장과 가정 두 공간에서 함께 데이터 조사를 하는 데 있다.

현장에서 벌어지는
서비스 실상을 점검하라

우리 사회에는 '친절한 금자씨'가 너무 많아 문제다.

10여 년 전부터 각 기업마다 '고객만족'이라는 단어를 화두로 하여 고객만족 팀을 만드는 등 부산하게 움직였다. 그 덕분에 '고객만족'과 관련된 단체가 많이 탄생하고, 친절 서비스 교육을 담당하는 컨설턴트의 밥줄을 만들어주기도 했다. 그렇다면 21세기형 서비스는 어느 수준까지 올라가야 만족할 것인가. 디지털컨슈머와 호흡을 같이 해야 하는 매장 최전선에 있는 판매원들은 과연 어느 정도의 서비스 수

준을 제공해야 하는 것일까? 무조건 친절하다고, 무조건 90도로 인사를 한다고 기뻐할 고객은 생각보다 많지 않다.

고객관리 프로그램이 발달한 만큼 매장 책임자는 고객별 맞춤 정보를 판매원들과 공유해야 한다. 고정 고객들의 구입 내역을 토대로 고객대응 방법을 새롭게 만들 수 있다. 지난 2~3년 동안 축적된 고객들의 매장 방문기록을 분석하는 데 성공한 일본 다이마루 백화점은 매출이 전년도에 비해 눈부시게 성장하였다. 그들이 만든 고객관리 프로그램의 정보 방식은 간단하다. 내점 빈도를 세로축(10단계)으로 하고, 이번 기期의 방문횟수를 다시 가로축으로 구분해 모두 100개의 매트릭스를 만들어 여기에서 고객의 성향정보를 표시하는 방식이다. 다이마루 백화점 측은 새로운 CRM방식을 통해 '유지고객'(계속 있고 싶은 우량 고객)과 '육성경향 고객'(우량 고객이 될 가능성이 높은 고객), '유출경향 고객'(방문횟수가 줄어들고 있는 고객) 등 3가지로 구분하였다.

매장에 있는 판매원들의 고객 접객법은 이 분류표에 따라 철저히 달라진다. 단, 자신의 쇼핑 이력을 관리하는 방식에 불쾌감을 가질 만한 고객에 대해서는 이러한 전략을 쓰지 않는다고 한다. 다이마루는 이러한 고객관리 시스템을 통해 매장의 접객이나 고객 대응 방법에서 큰 변화를 불러왔다. 모든 매장에서 우량고객의 이름을 직접 불러 개인적 친밀감과 함께 개객個客 마케팅을 펼친 것이다. 만약 당신이 매장을 방문했는데, 그곳에서 당신의 이름과 직책을 불러준다고 생각해 보라. 그 매장에서 느끼는 친밀감은 다른 곳과 다를 수밖에 없을 것이다.

이러한 정보는 DM 발송에도 효과적이다. 예를 들어 젊은층을 겨

낭한 의류매장의 경우, 일반적으로 상품의 유행 사이클이 짧고 고객 취향을 파악하기도 쉽지 않다. 그러나 이러한 고객정보 관리 시스템을 적용하게 되면, 이전의 구입 이력을 토대로 고객마다 좋아하는 경향을 쉽게 분석해 볼 수 있다. 또한 각종 행사나 모임에 맞춰서 미리 고객들의 매장 방문을 예측하여 목표고객들에 한해 DM을 미리 발송할 수 있다. 여기에 목표고객이 구입할 것이라 예상되는 상품들의 정보도 동봉하게 된다. 신규고객을 개척하는 비용보다 기존 고객의 쇼핑 횟수를 끌어올리는 편이 판매를 늘릴 수 있는 효과적인 방법이라는 것을 다시 강조하고 싶다.

우리가 늘 이용하는 은행에서 벌어지는 다음과 같은 상황을 어떻게 이해해야 할까? 우선 번호표를 뽑고 기다린다. 그리고 자신의 순번이 올 때까지 20~30명이 아주 좁은 대기공간에서 번호표를 손에 쥐고 기다린다. 일선 직원 점심시간인 12시부터 오후 2시까지는 돌아가면서 식사를 하기 때문에 창구는 늘 북적인다. 지점장이 모를 리 없는 일상이다. 두세 명이 하던 업무를 한두 명이 진행하다 보니 고객의 기다리는 시간이 더 길어질 수밖에 없다. 그런데 문제는 '친절한 금자 씨'가 많은 데 있다. 상품에 대한 상담하는 긴 시간을 한 명의 고객을 위해 아주 친절하게 느긋하게 모든 질문, 더 나아가 필요치도 않은 정보까지 주면서 시간을 최대한 배려한다. 나머지 고객들은 짜증을 부리든지 말든지 아니면 그냥 화를 내고 가든지 상관하지 않는다.

은행에 가보면 잘 알겠지만, 일반 입출금 관련 창구와 대출, 기타

업무를 보는 창구가 따로 있다. 입출금 관련 창구는 늘 몇 십 명씩 길게 늘어져 자신의 순서를 기다리고 있다. 반면에 대출 창구는 안락해 보이는 공간에 사생활까지 보장되는 어느 정도 통제된 공간을 허용해 준다. 각 은행에서 시행하는 서비스의 차별화는 분명 필요하다. 하지만 관행적으로 해오던 서비스에서 벗어나 더 많은 고객을 만족시킬 만한 방법을 찾을 때가 되었다. 그렇지 않으면 더 이상 고객은 찾아오지 않을 것이다.

이젠 "안녕하세요?"가 아니라 "오래 기다리셨죠? 무엇을 도와드릴까요?"가 당연한 인사말이 되었다. 은행은 오래 기다리는 곳, 정거장이다. 입출금 고객은 지나가는 고객으로 인식될 뿐이다. 당신의 회사는 이러한 문제를 갖고 있지 않은지 점검해 봐라.

거의 7년 동안 이용해온 인터넷서비스 회사가 있었다. 장기간 가입해 있었던 이유는 그 회사의 서비스가 만족스러워서가 아니라 바꾸는 것이 귀찮았기 때문이다. 아마 대부분의 사람들도 비슷할 것이다. 바꾸는 것이 귀찮아서 그냥 처음 가입한 서비스 회사를 이용한다. 그런데 인터넷 불통이 자주 발생하여 참다못해 인터넷 서비스 업체 교체를 결정했다. 하지만 문제는 이때부터 발생한다. 해약을 위한 전화 응대 서비스가 너무도 친절해서 해지 이유를 상담원이 바꿔 가면서 묻고 또 묻는다. 상담을 단계별로 진행하면서 전화를 하게 만들고, 다시 전화를 하면 새로운 상담원이 전화를 받아 똑같은 질문을 처음부터 시작한다. 정상인 사람을 미친 사람으로 만드는 가장 빠른 방법을 쓰고 있는 것이다. 친절한 목소리로 계속 같은 질문을 하고 있다. "왜 해약하려 하시죠? 고객님 불편을 끼쳐 드려 정말 죄송합니다."

고객관리가 제대로 되지 않는 곳은 이곳만은 아니다. 최근 새로 생긴 대학병원 신경과에서의 일이다. 환자가 어떤 병인지 물으러 갔더니 두 번 물으러 왔다고, 의사는 면전에 대고 큰 소리로 "한 번 얘기하면 됐지 나보고 또 하란 말야"라고 간호사를 향해 큰 소리로 이야기한다. 입구에서 기다리는 환자 들으란 듯, 아주 큰 소리로 이야기한다. "아침에 해당 과 선생한테 한 번 얘기하면 됐지 또 물으러 왔대?" 아주 퉁명스럽고 도전적인 목소리로 말이다. 이를 밖에서 듣고 있는 환자와 환자 가족은 무슨 생각을 하겠는가.

어느 과든지 연관 과의 도움을 통해 환자의 정확한 병명과 처방을 설계할 수 있다. CT를 찍고, MRI를 찍어도 판독하는 신경관련 전공과 의사의 도움이 있어야 치료하는 과 의사가 처방을 정확히 할 수 있다. 그런데 관련 의사가 제대로 알려 주지 않는다면 당연히 오진을 하고 그에 따른 클리닉은 전혀 필요 없는 진료를 하게 되어 환자는 고통과 함께 생명에 위협을 받기도 한다. 의사가 내뱉는 말 한마디에 환자는 어쩔 줄을 모른다. 환자는 약자이고, 의사는 강자인 것이 현실이다. 환자의 목숨을 갖고 있는 의사에게 환자와 환자의 가족들은 항상 죄인처럼 굽실댄다. 의료비는 비싼 특진료를 다 내면서 말이다. 의사의 역할은 무엇인가. 의사가 할 수 있는 서비스는 무엇인가? 병명을 얘기해 주고, 어떤 증상이 있고, 어떻게 대비해야 하고, 평소에 무엇을 조심해야 하는지에 대한 정보를 환자 혹은 환자 가족에게 쉬운 용어로 설명해 주는 것은 당연한 서비스 아닌가?

기업도 마찬가지다. 서비스의 진정한 의미를 최고경영자부터 배워야 하는 실정이다. 사회 각계에서 무한 경쟁시대라고는 하지만 정작 최고경영자층은 변화가 없다. 위는 변하지 않고 아래만 변하라고 한다. 위가 변하지 않는데 어떻게 아래가 변하겠는가.

기업과 고객 사이의 커뮤니케이션의 중요성은 아무리 강조해도 지나치지 않다. 기업의 입장에서 보면 고객과의 접점이 몇 개가 된다. 예를 들어 전화 혹은 이메일, 메신저 혹은 블로그 등 여러 매체를 통해 고객과 교신을 하게 되는데, 이 통로 중에서 어느 하나라도 제대로 가동되지 않으면 커뮤니케이션 에러가 발생하기 시작한다. 커뮤니케이션 에러는 단순한 문제가 아니고 회사의 매출에까지 지대한 영향을 미치게 된다.

커뮤니케이션이 불통이면 결국 매출 감소로 이어질 수밖에 없다. 나는 개인사업을 갖기 전에 회사 생활의 50퍼센트 이상을 조직 내 커뮤니케이션에 사용했다. 우리나라 일반 조직의 병폐는 커뮤니케이션 비용을 너무 많이 지출하고 있다는 점이다. 글로벌 기업 여부의 바로미터는 회사 내 커뮤니케이션이다. 만약 제대로 작동하지 않는다면 보이지 않는 비용이 잠그지 않은 수도꼭지 마냥 흘러 없어지는 것이다.

그리고 고객이 친구인데, 친구 이름을 모른다면 친구라 할 수 있는가? 제발 "손님, 고객님, 선생님, 저기요"라는 호칭을 사용하지 말기 바란다. 이제부터 고객의 이름을 불러주길 바란다.

고객의 안전까지
지킬 수 있는 음악

매장음악 속에 고객서비스를 숨겨라.

매장에는 늘 음악이 흐른다. 과연 매장에서 흘러나오는 배경음악과 매출의 상관관계는 어떨까. 결론을 말하자면 배경음악과 매출은 정正의 상관관계가 있다. 각 백화점 매장에서의 배경음악과 매출의 상관관계를 분석하는 자료들이 있는데 엘지홈쇼핑에서 자체 분석한 자료를 보면 그 상관관계를 알 수 있다.

엘지홈쇼핑이 2002년 1월 한 달 동안 방송에 사용된 배경음악 1만여

곡을 분석한 결과 컴퓨터나 레포츠상품은 테크노, 옥매트 등 효도상품은 트로트, 패션상품은 펑크, 모피와 보석은 환상적 분위기의 프로그래시브 음악과 궁합이 잘 맞는 것으로 조사되었다.

배경음악을 장르별로 보면 외국 팝음악이 전체의 62퍼센트로 가장 많고 그 다음이 가요(21%), 경음악(11%), 클래식(1%) 순으로 틀어준다고 한다. 클래식의 비중이 그만큼 낮은 이유는 선곡자들이 클래식에 대한 전문적인 지식이 부족하기 때문이다. 대부분의 유통매장에서 주먹구구식으로 음악을 택하거나 그냥 라디오를 틀어주는 경우가 많지만 배경음악과 매출의 관계를 생각하면 간과할 수 없는 문제다. 최근에는 편의점용 매장 음악만을 대신 틀어주는 전문회사가 등장했다.

몇 년 전 일본 도쿄 시부야 어느 쇼핑센터에 가서 보니 층마다 다른 음악을 틀어줘 깜짝 놀랐다. 각 층마다 이용하는 고객이 다르므로 해당 고객층이 좋아할 만한 음악을 선곡하는 것은 고객을 위한 세심한 배려다.

국내에서도 최근에는 매장 음악의 중요성을 깨달은 각 업체가 소비자의 감성을 자극해서 매출을 올리려는 노력을 게을리하지 않고 있다. 각 백화점, 마트 등 유통업체들은 매장 음악을 통해 매출을 올리려고 노력하고 있다. 대부분의 백화점은 현재 날씨와 시즌, 시간대에 따라 고객의 구매심리를 자극할 수 있는 음악을 선곡하여 방송하고 있다. 평상시에는 충분히 구경한 후 쇼핑할 수 있도록 안정감 있는 편안한 음악을 내보내고, 세일 기간에는 다소 빠른 템포의 음악을 선택해 고객이 무의식중에 신속하게 움직이면서 쇼핑을 할 수 있도록 유도한다. 또 맑은 날에는 밝고 경쾌한 날씨에 따라 산뜻한 분위기, 흐린 날에는 정서적으로 가라앉지 않도록 느린 곡과 빠른 곡으로 변화를 준다.

이마트는 최근 전국 120여 개 매장 음악을 시간대별로 구분해 내보내고 있다. 아침에 주로 트는 노래는 드라마 OST 수록곡이나 발라드 음악으로 비교적 손님이 적은 시간인 만큼 오래 머물면서 여유 있게 쇼핑을 즐기도록 한다. 반면에 사람들로 북적대는 오후 4~6시엔 리믹스 댄스 음악을 틀어 듣는 이의 발걸음도 덩달아 빨라지도록 유도한다.

롯데백화점의 경우, 각 점의 특성에 맞춰 음악방송의 내용도 달라진다. 에비뉴엘은 고급스럽고 우아한 라운지 음악을, 10~20대가 주로 이용하는 영플라자는 밝고 경쾌한 음악을 주로 내보낸다.

GS리테일은 매장 음악 운영 시스템을 대대적으로 개편했다. 고객 수가 적고 한산한 아침 시간에는 클래식처럼 느린 음악을 틀어 고객이 여유로운 마음으로 매장에 머무는 시간을 최대한 늘려 매출로 이어지도록 유도한다. 하루 중 가장 많은 고객이 찾는 오후 5시부터는 비트가 빠른 음악을 통해 고객의 움직임을 빠르게 해 고객의 체류시간을 단축하겠다는 전략이다. 날씨가 흐린 날에는 블루스, 추억의 노래 등 센티멘털한 노래 선곡을 통해 여심을 자극한다. 젊은 남성 고객이 많은 편의점 GS25에는 최신곡을 집중 배치하고, 30~40대 중년 주부들이 많은 GS슈퍼와 GS마트에는 느린 음악을 제공한다. GS리테일은 업태, 고객, 계절에 따라 맞춤형 음악을 제공하기 위해 음악전문 서비스 업체와 업무제휴를 맺고 매장 음악 서비스를 운영하고 있다.

매장 음악의 취향에 따라 점격이 달라지기도 한다. 또한 매장 음악의 차별화를 통해 매장 컨셉과 가치 지향점을 고객에게 자연스럽게 소구할 수 있는 도구로 충분히 활용할 수 있다는 점을 기억하라. 그렇지만 아직도 대부분의 매장에서 나오는 음악을 들으면, 오전에는 클래식, 오후 3시부터 5시까지는 비트 있는 빠른 음악을 트는 경향이 높다. 하지만 매장이 지향하는 점격을 유지하려면 '업'의 개념에 따른 음악을 선정해야 한다. 고객들이 당신의 매장에서만 들을 수 있는 음악이 있다면, 그리고 그 음악을 너무나 사랑하는 고객이 늘어간다면 당신의 매장은 음악을 통해 유명해질 수 있다. 음악으로 유명해지면 상품을 파는 전략도 채택해 보자. 달걀이 먼저인지 닭이 먼저인지는 중요하지 않다.

최근에는 소규모 매장 운영자를 위한 매장 음악 서비스를 대행해주는 업체가 늘어나고 있다. FM 라디오를 그냥 틀어놓은 매장보다는 자신의 매장 분위기에 딱 어울리는 음악만을 선곡하여 틀어주는 음악 서비스는 고객에 대한 최소한의 배려다.

전문가의 도움을 받아서 자체 음악 프로그램을 만드는 것도 좋다. 회사의 아이덴티티를 유지하고 성장할 수 있도록 음악 마케팅을 미리 제대로 준비하라. 매장 음악에 대한 연구가 상당히 미흡하기 때문에 먼저 준비하는 회사가 매장 음악과 관련하여 1등 기업이 될 수 있다.

매장에는 늘 음악만 흐르는 것이 아니다. 가끔 미아를 찾는 안내방송이나 매장 내 세일을 안내하는 방송도 나온다. 한 백화점에서 어느 날 다음과 같은 방송이 흘러나왔다. "무궁화 꽃이 피었습니다. 무궁화 꽃이 피었습니다…" 점심시간이 조금 지난 오후 1시 30분쯤 인천에 소재한 이 매장에서는 직원들만이 뜻을 알 수 있는 안내방송이 흘러나왔다. 이곳은 지하 6층, 지상 12층으로 되어 있으며 직원 수 500여 명인 대형 쇼핑시설이다. "무궁화 꽃이 피었습니다"라는 암구호는 바로 화재가 발생했다는 전갈이었다. 이 사실을 재빨리 알아차린 직원들은 쇼핑객을 침착하게 비상구로 안내했다. 이날 불은 지하 4층 주차장에서 배관 용접 도중 불씨가 밑으로 떨어져 지하 6층에 있던 상품의 종이상자에 옮겨 붙으면서 발생했다. 자칫 대형 참사로 이어질 수도 있었던 화재였으나 15분 만에 800여 명이 신속하게 대피하여 무사히 참사를 막을 수 있었다. 실제로 각 백화점 등 유통업체는 직원들만 알 수 있는 암구호 혹은 특정 노래를 통해 직원에게 메시지를 알리고 있다.

특히 사람이 많이 모이는 극장이나 대형 유통시설에는 항시 유비무환의 자세로 지점장을 비롯하여 전 직원이 비상사태에 대비한 훈련을 해야 한다. 이날 무사히 고객을 대피시킨 쇼핑센터의 지점장은 칭찬받아 마땅하다. 아직까지 이런 암구호를 만들지 않은 유통센터, 극장, 병원 등이 있다면 지금이라도 반드시 암구호를 만들기 바란다. 사람들이 많이 모이는 곳의 점장 혹은 지점장은 잊지 말고 미리 대비책을 만들어 놓아야 할 사항이다. 대구 지하철 참사가 사람들의 기억 속에서 지워진 지 오래지만, 우리나라만큼 안전에 불감한 국민도 없을 것이다. 절대로 치욕스런 과거를 잊어버리지 말고 후손에게 알려 주어야 하며, 다시는 유사한 사건이 발생하지 않도록 평상시 주의를 주는 것이 어른이 할 일이라 생각한다. 물론 경영 시스템 속에 여러 가지 비상사태를 대비한 조처를 평상시에 만들어 놓아야 한다.

매장에서 나오는 음악에는 화재 시의 암구호뿐만 아니라 1일 매출목표 달성 시 나오는 음악도 있다. 이런 사실에 대해 고객들은 모를 수밖에 없다. 고객을 위한 보이지 않는 서비스는 끝이 없다. 고객은 모르지만 임직원만 아는 멘트나 노래를 통해 고객과의 보이지 않는 커뮤니케이션을 하나씩 만들어나가자.

매뉴얼대로만 해도
고객은 감동한다

회사 시스템을 구축하기 위해선 매뉴얼 작성은 선결과제다.

당신이 원하는 고객은 어떤 형태인지 미리 설정해 보았는가? 고객이
매장 안에 들어오면 어떻게 해야 하는지 매뉴얼이 있는가? 고객이 당
신의 인터넷 쇼핑몰에 잠시 들르게 되면 어떤 행동을 하는지 혹은 어
떤 상품 위주로 구매를 하는지 그리고 구매 후 당신은 어떤 감사의 표
시를 하는지, 이와 관련된 매뉴얼이 있는가? 당신은 지속적으로 매출
을 일으켜주는 고정고객에게 혜택을 주기 위해 어떤 노력을 하고 있

는가? 단지 당신의 상품이 뛰어나서 고객이 넘치고 있다고 느끼는가? 당신의 매장(온라인 혹은 오프라인 매장)에 '매장영업 실천 매뉴얼'이 존재 하는가? 나아가 '매장영업 관리 매뉴얼'이 존재 하는가? 하나라도 있다면 당신은 이미 준비된 사장이다. 반대로 하나도 준비되어 있지 않다면 지금 당장 준비해야 한다.

전 세계에서 '매뉴얼'이 가장 잘 되어 있는 나라는 어디일까? 일본을 꼽을 수 있다. 일본에서는 백화점을 가든 동네 슈퍼마켓을 가든, 또 근무하는 사람이 남자 종업원이든 여자 종업원이든 늙은 종업원이든 젊은 종업원이든 상관없이 거의 다 똑 같은 행동을 하는 것을 목격할 수 있다. 돈을 받으면 큰 소리로 돈을 세야 하고, 배웅할 때는 어떤 인사말을 어떻게 해야 한다는 것을 아르바이트생이 어떻게 알겠는가? 그것은 매뉴얼의 힘이다. 일본의 어느 음식점을 가더라도 아주 친절한 종업원과 만나게 된다. 그들의 몸에 밴 친절에 고객들은 감동한다. 그들에게 이런 친절을 몸으로 표현하게 해주는 것은 바로 매뉴얼이다.

만약 일본의 시내버스를 한 번 타보라. 운전사가 어떻게 운전을 하는지, 노약자가 타게 되면 운전사가 어떤 행동을 취하는지 유심히 살펴보라. 우리나라 버스처럼 사람이 타든 말든 바로 출발하는지.

우리나라는 거의 모든 소규모 자영업자들이 힘들어한다. 손님이 없다고 불평이다. 근처에 대형마트가 들어와서 더욱 힘들어졌다고 한다. 그러면서 TV를 끼고 산다. 지난 연속극을 보면서 손님이 내민 돈을 받고 거스름돈을 무심하게 건네준다. 혹은 중요하지도 않은 내용으로 휴대폰으로 열심히 대화를 주고받으면서 정작 손님과는 한마디 없이 묵묵히 계산만 한다. 당신이라면 이런 상점에 다시 가고 싶은 생각이 들겠는가?

회사에 영업과 관련된 매뉴얼이 있는지 다시 한 번 점검해 보기 바란다. 아직까지 없다면 회사의 원칙과 기준을 토대로 만들어서 직원들과 함께 실천하기 바란다. 지금 당장 매장 운영 매뉴얼을 작성하고, 종업원들과 함께 몸소 실천하라.

21세기형 기업은 도덕적이지 못하면 살아남지 못한다. '나'와 '너'가 사는 세상이니 당연히 '우리'를 생각해야 한다. 세상을 밝히려는 여러 환경 단체, 소비자 단체, 현명한 소비자들의 자발적인 모임, 정부의 규제 담당 부서 등등 기업을 둘러싼 비리 척결 지킴이가 점점 많이 탄생하고 있다. 거꾸로 당신의 회사가 칭찬받을 일을 많이 하면 바로 세상에 알려져서 고객과 친구가 되는 그야말로 '프렌드리컴퍼니friendly company'가 되는 것이다. 프렌드리컴퍼니가 되기 위한 액션 플랜을 지금이라도 빨리 만들기 바란다. 고객과 친해지지 않으면 살아남는 것도 불확실하다.

일하는 사람이 즐거워야
고객도 즐겁다

고객만족보다 일하는 직원 만족이 우선이다.

매장에서 판매원의 이름표를 자세히 본 적이 있는가? 요즘에는 ID카드 같은 것을 목에 걸고 있기도 하고, 혹은 사복을 입고 근무를 하는 경우도 많다. 고객과 감성적인 관계를 맺고 친밀감을 불어넣는 방법으로 어떤 것이 있을까?

예를 들어 판매자의 이름표에 '경기 고양 출신의 영철'이라고 길지만 출신지를 적어놓는 것이다. 고객과 더 가까워지기 위해 성이 아닌 이름만을 적도록 하는데, 출신 도시가 어디인지를 알려주는 것이다. 판매사원의 이름표에 적힌 출신지를 화제 삼아 편안하게 대화를 시작할 수 있고, 또 고객이 인근 지역 출신이라면 고향 사람을 만난 김에 물건을 더 사줄 확률도 높아진다. 우리나라처럼 지역색이 강한 나라에서는 분명 통하는 전략이다.

출신지를 적는 것 외에도 좀더 재미있게 표현하는 방법도 있다. '마케팅을 제일 열심히 배우는 영희'라고 적어 보는 것은 어떨까? 혹은 영어식 이름을 만드는 방법은 어떨까? 고객과 추구하는 방향이 비슷하면 대화하기도 편하고, 공감대를 형성할 수 있는 전략이다.

회사에서 모범사원을 칭찬할 때 어떻게 하는가? 대부분의 회사는 월례 조회 때 직원들 앞에서 표창장 하나 주고, 상품권 하나 손에 쥐어주고 사진 찍는 정도일 것이다. 이왕 모범사원에게 포상을 하려면 제대로 해주시길 바란다. 다른 나라, 다른 기업에서는 다음과 같은 방법으로 배려해 준다.

- 사무실 입구에서 가장 가까운 주차라인에 일정기간 동안 주차할 수 있는 권한 주기(아마 대부분의 회사는 사장 혹은 회장 차량이 건물 입구로부터 가장 가까운 주차라인을 점유하고 있을 것이다)
- 최고의 사원만을 위한 전용엘리베이터 서비스(일반사원은 사용하지 못하는 서비스로서 VIP대우를 해준다)
- 대외적으로 매주 혹은 매월 발행하는 자사를 알리는 뉴스레터 혹은 전단지에 이 달의 모범사원의 사진을 싣고, 어떤 선행을 하고 있는

지에 대한 상세 홍보

　● 매월 광고비를 주고 광고내용을 싣는 월간지나 주간지에 모범사원
　　의 사진과 인물 소개

　이처럼 구체적인 회사의 배려가 있을 때 일개 사원들은 애사심과 함께 충성심을 갖는다.

　영국의 광고업체인 마더^{mother}는 일반사원에게 힘을 더 실어줘서 자발적으로 회사와 고객을 사랑하게 만든다. 마더는 영국 런던에 위치한 중견 광고업체로서 '어머니'라는 회사 이름에서 풍기듯 가족적이고 온화한 기업 문화를 갖고 있다. 직원들의 회사 충성도도 업계에서 단연 가장 높다. 이 업체와 한번 광고계약을 하게 되면 단골이 되는 경우가 많다고 한다. 고객감동에 앞서서 직원감동을 먼저 실천하는 회사다. 이를 위해 특히 적절한 보상 지급, 소속감을 강조하는 기업 문화, 직원 개개인의 구체적인 역할 제시 등 세 가지 관리에 철저하다.

　예를 들어 직원들의 건강을 배려하기 위해 요가와 스포츠센터 이용권은 물론 매주 공짜 마사지와 겨울철 스키 이용권도 제공한다. 직원들의 생일이나 어버이날에도 가족 행사를 위해 월차를 준다. 다만 이러한 혜택을 한꺼번에 제공하는 것이 아니라 직원들이 자유롭게 고르게 해서 그들의 선택권을 존중해 준다. 이와는 별도로 직원들이 좋은 아이디어를 낼 때마다 추가로 인센티브를 선택할 수 있도록 한다. 특히 '마더'라는 기업 이미지를 나타내기 위해 명함에는 직원 어머니의 사진을 함께 넣어 즐거웠던 순간을 함께 담는다. 이 명함을 통해 직

원들은 소속감을 확인한다.

요즘은 명함에 본인 사진을 넣어 인쇄하는 회사가 많아졌다. 그렇지만 어머니 사진까지 함께 넣어 홍보하는 경우는 아직 못 보았다. 회사 브랜드를 알리는 방법으로는 괜찮은 아이디어다. 어머니 이름과 본인의 이름을 걸고 더 열심히 노력할 것이다. 어머니 얼굴에 먹칠을 하고 싶지 않으면 말이다. 어머니 얼굴과 나란히 웃고 있는 본인의 사진이 들어간 명함을 만들어 고객을 만나보자.

직원이 회사를 자랑스럽게 생각하는 사원으로 거듭난다면 더 이상 무슨 교육이 필요하겠는가. 일단 직원이 회사를 가장 많이 존경하고 일원이 된 것에 열렬히 기뻐한다면 더 이상의 정신무장은 필요없다. 업종 불문하고 고객만족보다 우선해야 할 항목은 바로 '직원만족'이다. 이를 경시하는 회사가 어찌 고객을 만족시킨다고 할 수 있겠는가.

CHAPTER3
retail
marketing

유통에서
통하는
히트상품은
따로 있다

한 치 앞을 내다볼 수 없는 불확실한 시대에 사업을
하고, 또 시작하는 것은 그 자체만으로 정말 대단하
다. 히트상품 하나만 있어도 회사는 당분간 안정적
인 매출을 올릴 수 있다. 히트상품이 중요한 이유는
성장 동력을 만들 수 있는 기회를 만들고 시간을 벌
어주기 때문이다. 중소기업을 운영하는 사람들을 오
랫동안 지켜본 결과 사업을 운영해 온 기간과 히트
상품의 상관관계를 따져 보니 간단한 공식이 나왔
다. 그들이 만들거나 수입한 상품 중 히트상품이 나
왔을 경우, 울트라 A급 히트상품은 서울 강남에 빌
딩을 올릴 수 있고, A급 히트상품은 10년 정도 사업
체를 유지할 수 있게 해주고, 보통의 히트상품은 3년
정도 먹고 살게끔 해주었다. 히트상품 하나가 회사
의 운명을 쥐고 있다.

상품과 제품은
어떻게 다른가

**히트상품을 시장에 내놓기 전에
베타버전의 제품이 꼭 필요하다.**

'상품'과 '제품'이라는 단어의 의미 차이를 아는가? 두 단어의 차이점
은 제품은 만들어진 하나의 객체고, 상품은 유동성을 지닌 객체다. 이
처럼 '상품'이라는 단어와 '제품'이라는 단어는 상당히 다른 의미가 있
다. 한자로 '商'의 의미는 유통되는 품목이라는 의미다. 반면에 '製'품
은 그저 공장에서 만들어진 상태의 품목이라는 뜻이다. 시장에서 활발
히 유통될 수 있는 '상품'으로 승부수를 던져라.

좋은 아이디어만 있다고 성공할 수 있는 것은 아니다. 우선 팔리는 아이디어가 있어야 한다. 하지만 시장에서 받아들여질 만큼 팔리는 아이디어가 많지는 않다. 시장에 쉽게 접근할 수 있는 방법으로 흉내도 좋은 아이디어 창출법이다. 모방을 부끄러워하지 마라. 모방은 새로운 버전의 신상품일 뿐이다.

상품도 우리의 삶과 마찬가지로 병에 걸린다. 중병일 수도 있고 경미한 병일 수도 있다. 하지만 병이 걸린 상품은 잘 팔릴 수가 없다. 그렇기 때문에 치료가 필요하다. 상품도 사람과 똑같다. 제조업체의 신상품 담당자라면 꼭 명심하라. 신상품을 시장에 내놓았는데 팔리지 않는다면 그 '병의 원인'을 재빨리 찾아야 한다. 이 세상에 치료되지 않는 병은 거의 없다. 대신 치료가 늦어질수록 치료는 점점 어려워지기 때문에 원인을 찾아 빨리 해결하는 것이 중요하다. 그렇다면 제품이 갖고 있는 중증을 치료하는 방법을 살펴보자.

상품병도 조기 진단이 중요하다

팔리지 않는 상품을 잘 팔리는 상품으로 만들기 위해서는 병의 1차 원인을 찾아야 한다. 그런데 놀랍게도 그 발병지는 바로 상품을 만드는 제조회사 사장에게 있다. 신상품을 시장에 내놓기까지 그 많은 시간과 열정을 쏟았음에도 불구하고 말이다. 쓸데없는 노력과 경비를 흔히 도로徒勞라고 한다. 이 모든 책임과 원인의 발단은 해당 제조업체의 사장이 갖고 있기 때문에 사장부터 치료하는 것이 최우선의 치료법이다. 내가 지금까지 만나본 대부분의 제조업체 대표들은 장인정신으로 제품을 만든다. 하지만 안타깝게도 장인정신은 높이 살 만하지만 자신이 만든 상품이 시장에서 팔릴 것인가에 대한 고민과 대책이 별로 없었다. 본인이 정성을 쏟아 잘 만들어낸 상품이기 때문에 당연히 시장에서 잘 팔릴 것이라는 막연한 기대감에 부푼 사람이 많았다. 그런데 더욱 문제는 시장에 내놓은 분신과도 같은 상품이 안 팔리는 이유를 찾지 못하는 데 있다.

첫눈에 손이 가는 얼굴을 해야 한다

사람들은 패키지 디자인만 보고도 직감적으로 오는 감이 없으면, 그리고 한 번 보고 어떤 상품인지 알 수 없다면 그 상품을 스쳐 지나갈 뿐이다. 눈에 띄는 것도 중요하지만 호감이 가는 상품을 만들어 고객의 손길을 받을 수 있어야 한다. 하지만 여기에 함정이 있다. 고객에게 눈에 띈다는 것과 호감이 간다는 것은 이율배반적인 성격이 있다. 눈에 띄기 위해 대부분의 제조사는 '누드'라는 광고 컨셉으로 제품을 알리기도 하지만 이러한 누드 광고가 꼭 호감이 가는 상품이라고 단정할 순 없다. 즉, 눈에 띈다고 반드시 구매로 이어지지 않는 이유와 같은 의미다. 다시 말해 21세기형 톡톡 튀는 마케팅은 필요하지만 눈에 띄기 위해서만 행해지는 추잡한 행위 이벤트 마케팅은 소비자들도 외면한다.

요즘 인터넷 쇼핑몰 중에서 아이디어 소품, 디자인 소품류를 판매하는 쇼핑몰이 인기가 많다. 눈에 띄는 앙증맞은 상품, 저렴하면서 예쁜 상품이 즐비한 사이트는 당연히 10대, 20대 초반 고객층에게 인기가 많다. 그런데 여기에 함정이 있다. 위에서 언급한 것처럼 눈에 잘 띄어 구매를 하긴 하는데, 실용성 면에서 소비자의 기대치를 많이 떨어뜨리는 경우가 많기 때문에 매출 상승을 지속하는 데 어려움이 있다. 회사의 성장은 꾸준히 매출을 유지하면서 키워야 하는데, 일회성 소비 현상만 보고 과다한 투자를 한다면 그것이 바로 실패로 가는 길이다. 한 번에 팔리는 대박상품보다 꾸준히 반복구매가 이루어질 수 있는 상품을 개발하는 것이 중요하다.

팔리는 상품은 여성과 같아서 미인이라면 팔린다는 사실이다. 엉뚱한 이야기 같지만 사실이다. 코카콜라가 비너스의 모양을 하고 있다는 사실과 말보로 담배가 카우보이를 내세운 이유는 미남, 미녀로 직결되기 때문이다.

소비자는 냉정하기 때문에 동정에 호소하여 구매를 유도해서는 안 된다. 또한 지금까지 사용했던 상품보다 미인이라고 판단된다면 언제든지 새로운 미인, 미남으로 자리를 옮긴다는 사실을 알아야 한다. 요즘 같은 멀티미디어 시대에 살아남을 상품은 멀티미디어적인 상품밖에 없다. 즉, 시각, 청각, 미각, 촉각, 후각 등 인간의 오감과 더 나아가 육감까지 건드리는 상품만이 현대 소비자들의 시선을 사로잡고 구매로까지 연결할 수 있다. 새로 출시된 아이폰을 보라. 소유하고 싶은 요소를 다 갖추지 않았는가! 눈으로 봐도 귀로 들어도, 만져보고 사용해 봐도 너무 갖고 싶지 않은가. 아이폰은 문화를 팔고 있는 것이다. 일류 상품인가 아닌가는 새로운 문화를 만들 수 있느냐에 달려 있다. 상품이 아닌 문화를 팔아라.

히트상품에도
길이 있다

품의 개념만 달리 해도 연속으로 히트상품을 낼 수 있다.

외국을 여행하다 보면 현지에서 팔리고 있는 상품 중 국내에 들여와도 히트할지 궁금했던 상품이 하나쯤은 있을 것이다. 상품 하나를 제대로 만들거나, 혹은 유통을 하면 평생 먹고 살 만큼의 돈을 벌 수 있다. 하지만 히트할 것이라고 자신하던 상품이 실패하는 일이 더 많다. 왜 그럴까? 무엇이 문제일까?

　회사는 히트상품을 계속해서 만들어낼 수 있어야 끝까지 망하지 않고 살아남을 수 있다. 물론 히트상품 하나 갖고 평생 잘 먹고 잘 산 사례도 있다. 하지만 대부분은 지속적으로 히트상품을 개발하거나 국내 혹은 해외에서 판매가 가능한 상품을 계속 발굴해 내야 회사가 지속적으로 성장할 수 있다.

히트상품 하나 내는 것도 어려운 시기다. 또한 많은 노력을 통해 어렵게 히트상품이 탄생한다 하더라도 그 수명은 점점 짧아지고 있다. 우리나라의 경우 10년 넘도록 장수하는 히트상품은 몇 개 안 된다. 다음은 히트상품을 연속해서 성공한 경우다. 그 비결을 알아보자.

일본 도레이 사의 도레이씨^{toraysee}라는 제품은 끊임없이 형태를 변경하여 연속 히트했다. 도레이씨는 1987년, 직경이 머리카락 굵기의 25분의 1 정도 되는 초극세 섬유로 만든 렌즈 타월인데, 16년 뒤인 2003년에는 형태가 다른 세안용 타월을 개발한다. 이때는 안경점이 아닌 드럭스토어로 판매 장소를 옮겨다 팔았다. 스킨케어에 관심이 많은 젊은 여성 고객들이 쉽게 찾을 수 있어 다시 한 번 히트를 한다. 3년 뒤 2006년에는 세 번째 변신을 꾀하는데 마스카라를 만들어 화장품업계에 진출한다. 기존의 히트상품인 초극세 섬유의 단면을 별 모양으로 변화시켜 얇으면서도 밀착력이 탁월한 제품을 만들어낸 것이다.

우리나라에서는 자이리톨 껌이 포장 형태를 변화시켜 성공했다. 처음 제조사는 자이리톨 껌을 7개들이 소포장으로 판매하였다. 그런데 개발을 하다 보니까 연구원들이 품질 검사를 마치고 남은 껌을 시약병 속에 모아놓고 하나씩 꺼내 먹는 모습을 보게 된 것이다. 여기서 아이디어를 얻은 개발팀은 100개들이 플라스틱 포장 제품을 추가로 발매했다. 다시 말해, 종이로 포장된 껌에서 호주머니 속에서 사무실 책상 위, 자동차 내부 등으로 위치 이동을 한 것이다. 즉, 사용 장소의 변경, 포장용기 형태를 변화시켜서 연속으로 히트상품을 만들어낸 셈이다. 연속 히트상품의 숨은 비결은 소비자들의 요구를 귀담아 들었기에 탄생할 수 있었다.

최근 TV 광고로도 자주 볼 수 있는 게임기인 닌텐도는 한 마디로 '고객 전환'으로 성공했다. 기존의 게임기는 주로 어린이나 청소년을 대상으로 판매되었다. 그런데 닌텐도는 새로운 고객층인 성인, 나아가 노년층까지도 즐길 수 있는 소프트웨어로 개발한 것이다. 그것이 바로 두뇌단련, 영어훈련, 한자학습 등의 프로그램이다. 게임을 하는 동시에 두뇌 개발과 치매 예방에도 도움이 된다는 소문이 퍼졌고 닌텐도 DS는 모든 연령층에 걸쳐 폭발적인 반응을 이끌어냈다. 즉, 고객을 바꾸고 새로운 시장을 창출할 수 있었다. 닌텐도는 '품'의 개념을 게임기가 아니라 '교육기구'로 변경했기에 성공할 수 있었다. 그야말로 전 연령층을 상대로 하는 상품으로 포지셔닝 변경에 성공했다.

다음은 매장의 장소를 바꿈으로서 새로운 느낌으로 고객에게 다가가는 방법이다. 즉, 귀금속은 오프라인 매장에서만 팔리는 것이라는 고정관념을 바꾼 사례다. 바로 TV홈쇼핑이라는 온라인 매장을 통해 18K 골드체인 세트가 첫 방송 준비했던 650세트가 33분 만에 매진되었다. 오프라인 매장에서 한껏 폼을 잡고 구매를 하는 보석류 제품을 온라인으로 옮겨와 판매에 성공한 것이다.

최근에는 TV홈쇼핑을 통해 자동차도 팔고 있다. 자동차 전시장에서 직접 핸들대에 올라 타고 체험한 뒤에 구입한다는 생각에서 벗어나 매장을 과감히 옮긴 것이다. '품'의 개념을 바꾸면 당연히 매장이 바뀐다.

최근의 세계적인 히트상품은 공통점을 지니고 있는데 바로 '품'의 개념을 새롭게 만들고 있다는 점이다. 특히 디지털 기기분야는 가장 새롭게 '품'의 개념을 만들어가고 있다. 세상이 복잡해지는 만큼 디지털 제품은 점점 복합 다기능 융합하는 복합기로 변신에 변신을 거듭하고 있다.

닌텐도 위핏wii fit은 맨처음 청소년 중심의 게임시장에서 이제는 전 연령층을 상대로 할 수 있는 제품으로 변모하여, 센서로 인체의 움직임을 통한 게임을 하게 만들어 '운동과 재미'를 융합했다. 삼성전자는 휴대폰에 하나의 기기로 두 개의 전화번호를 이용할 수 있도록 만든 듀얼 심sim카드폰을 개발하여 판매하고 있다. 이로써 한 개의 전화로 비즈니스용과 개인용 휴대폰을 별도로 구매했던 소비자를 다 끌어들이고 있다. 이들은 바로 '품'의 개념을 달리 하면서 새로운 시장을 개척했다는 데 의미가 있다. 상품의 개념을 달리 보면 새로운 시장이 당신 앞에 기다리고 있다. 지금 안 팔린다고 염려만 하지 마라. 바로 옆에 아주 큰 시장이 당신을 기다리고 있으니 말이다. 그 길은 히트상품만 다닐 수 있는 '히트로路'다.

좋은 상품이 아닌 무조건 팔리는 상품을 만들어라

메가트렌드보다는 마이크로트렌드에 주목하라.

최근 모든 사무실에 비치되어 있는 프린터는 거의 제조원가의 가격으로 판매하고 있다. 이처럼 싸게 파는 이유는 무엇일까? 요즘 같은 불경기에 거의 공짜로 주다시피 하며 프린터를 파는 이유는 무엇일까? 앞에서 '품'의 개념을 달리하듯이 프린터는 무엇이 있어야 제 기능을 할 것인가를 생각하면 바로 답을 알 수 있다. 한마디로 배보다 배꼽이 더 큰 사업이다. 본체 판매보다 판매 이후 잉크나 토너 판매에서 얻는 수입이 더 큰 사업이라는 뜻이다.

시장조사기관인 '라이라리서치'에 따르면 2006년 전 세계 잉크와 토너, 용지 등 프린터 관련 소모품 매출이 1,010억 달러에 달하는 것으로 조사됐다. 우리 돈으로 90조 원을 넘어서는 어마어마한 규모다. 앞으로도 꾸준히 증가할 추세다. 프린터 토너를 구입하기 전에 사람들은 새 상품으로 할 것인지, 아니면 재생 토너로 할 것인지를 고민한다. 가격을 비교해 보았을 때 더 저렴한 재생 토너 사업이 성장하는 것은 당연하다.

팔리는 상품을 만들기 위해선 시스템을 만드는 것이 중요하다. 스캐너 리필 잉크를 팔기 위해선 스캐너가 많이 보급되어 있어야 하듯이 말이다. 거의 공짜로 하드웨어를 주지만 값비싼 소프트웨어 없이는 무용지물이다.

닌텐도 게임기도 마찬가지이다. 닌텐도를 이용하려면 비싼 팩이 있어야 제대로 사용할 수 있지 않은가. 하드웨어는 저렴한 값에 공급하지만 무한 복제가 가능한 소프트웨어인 칩은 아주 비싸게 판매한다.

절대 망하지 않는 비즈니스 모델도 있다. 바로 보험회사다. 보험회사는 절대 망하지 않는다. 왜 보험회사는 망하지 않을까? 물론 예외적인 상황은 있다. 수금한 보험금을 가지고 투자를 잘못하면 망할 수 있다. 미국 서브프라임 사태로 세계적인 보험회사가 파산신청을 하는 것을 보면 알 수 있는 것처럼. 하지만 투자만 건실한 곳에 한다면 절대 망할 이유는 없다. 보험금을 수령할 2~30년 뒤면 화폐가치가 떨어지기 때문에 보험회사에서 고객에게 돌려줄 만기금액의 화폐가치 역시 적어질 수밖에 없다. 이것이 보험회사가 남는 장사를 할 수 있는 구조다. 물론 해당 보험을 통해 미래에 닥칠 위험을 보장해 주는 면도 있지만, 만기 후 받는 목돈에 대한 희망을 함께 포장한 보험상품은 계약자가 만기에 받게 될 미래의 현재가치를 상상케 해준다.

우리가 보험회사에 매달 꼬박꼬박 내는 보험료는 현재가치지만, 30년 후의 미래가치는 현재가치로는 측정할 수 없다. 당연히 지금의 화폐가치와 30년 후의 화폐가치는 완전히 다를 수밖에 없지 않겠는가. 30년 후에 목돈을 만질 수 있다고 하더라도 그때의 가치를 지금 어떻게 알 수 있겠는가. 다만 그 흐름상 얼마 정도 하지 않을까 하는 짐작은 할 수 있겠지만 그 또한 정확하지 않다. 보험은 공동의 위험을 분산시키기 위해 만든 상품이지만, 정작 본인이 보험금을 타기 위해선 약관에 정확히 맞는 상황이 되어야 하는 어려움을 갖고 있는 사업주 위주의 시장이기 때문이다.

돈을 벌 수 있는 비즈니스 모델을 찾아내야 하는 것이 모든 사업가의 사명이다. 좋은 상품이 아닌 무조건 팔리는 상품을 만드는 것이 중요하다. 팔리는 상품을 만들기 위해서는 다음의 조건을 충족시켜보자.

첫째, 독창성 대신 모방을 선택하라. 이 말은 '소비자를 반 보만 리드하라'는 말인데, 대부분의 상품은 소비자의 니즈나 원츠를 한 보 혹은 두 보 앞선 상품을 선보임으로써 실제 구매환경과 괴리를 만들기 때문에 판매가 되지 않는다. 경쟁사보다 신제품을 내는 데 주력하지 말고 경쟁사가 먼저 출시한 신제품을 개량해서 내놓으면 실패의 확률이 더 적어진다. 물론 자존심 문제를 거론할 수도 있겠지만 자존심 때문에 회사를 문 닫을 수는 없지 않는가. 그리고 상품을 가장 먼저 내는 것을 좋아할 필요도 없다. 왜냐하면 가장 먼저 세상에 나온 상품은 대부분 실험용 쥐가 될 확률이 높기 때문이다.

둘째, 메가트렌드를 쫓지 말고 단기추세인 마이크로트렌드를 쫓아야 한다. 그러나 대부분의 제조회사 개발자들은 장기 트렌드를 염두에 두고 제품을 개발하고 그것이 시장에서 빅히트를 칠 것이라고 환상에 쫓는 경우가 많이 있다. 다시 한 번 강조하지만 사회현상 속에서 단기추세를 파악한다는 것은 대단히 어려운 일임에 틀림없다. 단기추세를 대부분의 소비자가 알았을 때에는 빅 트렌드로 세력이 이미 옮겨간 뒤이기 때문이다. 그러니 잘 나가는 사장님이라면 단기추세를 꿰뚫는 혜안을 지닌 사람이라고 할 수 있다.

단기추세인 마이크로트렌드를 먼저 알기 위한 몇 가지 노하우가 있다면 하루에 1시간 이상씩 유통의 중심지인 백화점, 할인점이나 편의점 더 나아가 패션의 거리를 어슬렁어슬렁 돌아다녀라. 날마다 시간을 달리해서 한 곳을 집중적으로 돌아다니면 더욱 좋다. 그러면 조금씩 눈에 띄는 현상들이 있을 것이다. 그것이 바로 단기추세다. 책상에 앉아만 있지 말고 지금 당장 현장으로 시장으로 나가라. 그곳에 누구도 찾지 못한 오아시스가 있고 우리의 미래가 있다.

넥타이를 풀고 머리에 염색도 좀 하고 선글라스도 끼고, 명동, 압구정동, 이대 앞, 홍대 앞을 걸어 다녀보라. 지금 당장 거리를 활보해 보라. 무엇이 보이는가. 또 어느 날은 슈퍼마켓에서, 또 어떤 날은 전통 시장 앞에서 하루 종일 서 있어라. 그러면 왜 종일 그곳에 있어야 하는지 그 이유를 알게 될 것이다.

셋째, 소비자의 불만사항을 접수했다면 바로 고쳐라. 소비자의 한 마디 한 마디를 뼛속 깊이 새기면서 또 감사하면서 대책을 세워라. 대기업에는 소비자 상담실이라는 부서가 따로 있다. 그런데 문제는 작동하지 않는다는 것이다. 소비자의 귀중한 불평불만이 최고경영진들에게까지 제대로 전달되지 않는다면, 또 듣고도 무관심하다면 그 회사의 미래는 불 보듯 뻔하다.

넷째, 포장방식의 개선을 들 수 있다. 대부분의 상품 포장이 상품을 보호하거나 멋지게 보이기 위한 겉모양에 치중했다면 이제부터는 실속 있는 포장 디자인으로 바꿔보라. 예를 들어 이마트는 와인 상자에 명화를 그려 넣어 와인을 마신 후에도 다른 용도로 사용할 수 있도록 포장을 바꾸면서 고객들에게 좋은 반응을 얻고 있다. 와인 상자는 으레 무늬가 없는 나무상자였지만 여기에 유명 작가의 명화를 이용해 고급스럽게 만들었더니 배 이상 판매가 늘었다. 와인상자는 보석함이나 수납함으로 사용하기에도 손색이 없다. 상품의 포장용기를 상품 사용 후에도 재활용할 수 있게 디자인한다면, 이러한 1석 2조 상품을 꺼릴 고객은 찾기 힘들 것이다.

현장에 히트상품의
단서가 있다

히트상품을 만들고 싶다면
고객의 불평불만을 즉시 상품개발에 응용하라.

'고구마세탁기'를 들어본 적이 있는가? 언뜻 이름만 들으면 고구마 모양으로 생긴 세탁기인가 하는 생각이 들지도 모른다. 1996년 중국 쓰촨四川 성의 한 농민이 고구마를 세탁기에 넣고 씻는 바람에 진흙이 쌓여 세탁기 배수관이 막힌 사건이 발생한다. 중국 최대의 가전회사인 하이얼의 AS직원은 배수관을 넓혀 세탁기를 고쳤다. 이때 세탁기를 수리하는 것을 보고는 농민이 "고구마를 씻을 수 있는 세탁기가 있다면 좋을 텐데……"라는 말을 했다. 직원은 회사에 복귀한 뒤 상사에게 이 사실을 보고했고 하이얼은 즉각 쓰촨 지역 조사에 들어간다. 그 결과 8,700만 명에 달하는 주민들 대부분이 고구마를 재배하고 있었는데 고구마 진흙을 씻어낼 때 세탁기를 이용하고 있었다.

하이얼 최고경영자인 장루이민은 보고를 받은 뒤 고민할 것도 없이 고구마 전용 세탁기 제작을 지시했다. 이렇게 해서 1998년 4월 세계 최초의 고구마세탁기가 탄생했다. 이 세탁기는 지금도 해마다 10만 대 이상 팔리고 있다. 하이얼은 현재 삼성전자에 버금가는 기업으로 성장하고 있다. 그 비결은 어디에 있을까? 만일 현장에 나간 직원이 고객의 불평이나 불만을 상부에 보고하지 않았다면 고구마세탁기가 나올 수 있었을까? 또 만일 부하직원이 상부에 보고를 했는데도 불구하고 중간관리자가 그 내용을 귀담아 듣지 않고 지나쳤다면 이런 히트상품이 개발되었을까? 히트상품을 만드는 비결은 어쩌면 단순하다.

지금 당신의 회사는 말단직원으로부터 나오는 현장의 목소리를 담는 시스템을 갖추고 있는가? 그리고 당신은 얼마나 빈번하게 현장을 찾는가? 혹 현장을 나들이처럼 생각하고 찾아가지는 않는가? 또 사진기자들에게 포즈를 취하고 싶은 마음에 나가는 것은 아닌가?

아이러니하게도 고구마세탁기 사례를 보면서 나는 '쥐머리 새우깡' 사건이 겹쳐 떠올랐다. 이 두 사례는 현장에서 터진 문제를 어떻게 처리하는지를 극명하게 보여준다. 새우깡 사건은 현장에서 발생한 사건을 한 달이나 처리하지 않고 방치하여 문제가 더 커진 경우다. 고객의 컴플레인 처리 방법에 따라 100년 기업으로 성장할 수 있는 터전을 마련하고, 또 몇 십 년 공든 탑을 무너뜨릴 수도 있는 상황으로 몰아갈 수 있다. 이처럼 아주 단순한 원칙을 모르는 사람은 없을 것이다. 역으로 생각해 보면 현장의 살아있는 목소리를 직원들이 전했을 때, 상급자가 어떤 행동을 취해야 하는지를 잘 보여주는 사례다. 또 아무리 회사 경영진이 고객만족을 외치고 철저한 품질관리를 외쳐도 현장에서 지켜지지 않는다면 돌이킬 수 없는 최악의 상황에 봉착할 수밖에 없다.

또 상황을 바꿔 직원으로서 현장의 목소리를 전달하고 개선안을 제안했음에도 불구하고 회사에서 아무런 조치를 취하지 않는다면 당신의 회사를 직접 만드는 것이 더 빨리 성공하는 법일 수 있다. 때로는 나쁜 의도를 갖고 접근하는 불량 소비자도 있겠지만 기본 원칙은 현장의 사소한 의견 하나도 놓치지 않고 점검하는 것이다.

애정이 있는 고객이
불만도 있다

**고객의 불만사항은 항상 감사하는 마음으로 받아들이고
새로운 서비스로 보답하라.**

불량고객과의 관계를 끊는 것에서 더 나아가 고객의 불평불만을 어떻게 회사에 유리하게 활용하고 적용할 것인지 생각해 보자. 고객이 불평불만을 이야기하는 것은 한편으로는 고마운 일이다. 이는 그만큼 애정이 있다는 증거이기 때문이다. 하지만 고객이 불평을 이야기하지 않는다면 더 이상의 관계를 맺지 않겠다고 마음먹은 것이다. 사랑의 반대말이 무관심이라 하지 않는가. 회사가, 상품이 고객에게 무관심의

대상이 되기 전에 불평불만으로 가득 찬 고객이 있다는 사실에 기뻐하고 그 희망의 끈을 놓지 마라.

최근 백화점에서는 일본의 유명 백화점을 배우자는 바람이 불고 있다. 백화점 고객이 불평하는 사항은 무엇인가? 가장 큰 불만은 쉴 수 있는 공간이 절대 부족한 데 있다. 미국의 백화점을 가면 1층 한가운데에 고객이 쉴 수 있는 휴게공간이 있다. 그야말로 그 백화점에 가장 비싼 땅 영역이다. 그곳에 피아노가 있고 안락한 1인용 소파들이 둥그렇게 배치되어 있다. 이는 무엇을 의미하는 것일까?

매년 경이적인 신장률을 보여주는 여행업계는 어떤가 보자. 특히 중국을 여행한 고객들의 불만은 점점 많아지고 있는 상황인데도 아직까지 저가상품으로 고객을 유인하고 있는 듯하다.

오픈마켓은 또 어떤가. 엉뚱한 상품이 배송되기도 하고, 배달지연으로 불평하고, 입점 상인들도 수수료율이 너무 높아 애를 먹고 있는 상황을 그대로 방치하는 듯하다. 최근에는 명품 브랜드를 그대로 모방한 최고급 짝퉁상품을 버젓이 몇 년간 판매하도록 내버려두기도 했다. 한 신문에서는 이를 두고 온라인 쇼핑이 성장하는 만큼 소비자의 불만도 커지고 있다는 지적을 했다. 오픈마켓의 문제는 계속 나오고 있다. 그러나 하루 수만 건이 거래되고 있는 흐름에서 몇 백 건은 아무것도 아니다. 오픈마켓이 관리 시스템보다 규모가 더 커진 것은 사실이다. 소비자들의 불만이 계속 쌓이는데도 불구하고 운영업체가 이를 시정하지 않으면 언제 빙하기 맘모스의 운명으로 바뀔지 모른다.

최근 발생한 일부 대기업들의 형편없는 소비자 관리를 보면 그야말로 위기관리라는 매뉴얼이 있는지 의심스럽다. 소비자가 잘못된 점을 지적하면 영업담당자는 어떤 행동을 취해야 하는지 대처할 수 있는 시나리오가 전혀 없다. 불평불만을 하면, 고작 라면 몇 박스로 땜질하려는 미봉책으로 어찌 요즈음의 똑똑한 소비자를 상대할지 참으로 답답하다.

우리나라와 극명한 차이를 보이는 기업의 불만고객 대처법을 살펴보자. 미국의 휴렛패커드는 불만이 있는 고객이나 자사 브랜드를 기피하는 고객에게 문제점을 알아내기 위해 전 직원이 잠재 고객들을 만나 직접 의견을 듣는 것을 의무화하고 있다. 이때 엔지니어를 비롯하여 제품 개발에 참여했던 팀 전체가 참여한다. 팀은 불량고객과 만남으로써 고객의 숨은 불만사항을 찾아내고, 불량고객을 고정고객으로 만들기 위해 노력한다. 여기에서 수집한 정보들은 경쟁사보다 앞서 시장에 진입할 수 있는 기회를 제공해 실질적으로 경쟁 우위를 확보할 수 있다.

고객은 나비처럼 이 매장 저 매장을 옮겨 다니기 때문에 이를 빨리 인지하고 대응하는 힘이 필요하다. 끊임없이 고객과 시장에 대한 데이터를 모으고 분석해야 한다.

와인이 잘 팔리면
무엇을 팔아야 하는가

눈에 보이는 현상 저 너머에 있는 커다란 시장을 미리 보라.

"와인시장이 커지면 무엇이 커질까?" 이 질문에 대한 답은 히트상품을 찾아낼 수 있는 혜안을 기르는 과정에 해당한다.

세상을 바꾸는 메가트렌드는 어느 날 갑자기 나타나는 것이 아니다. 바로 작은 나비의 날갯짓 하나로 거대한 메가트렌드를 예측해 볼수 있다. 우리는 사회를 볼 때 큰 변화만을 좇으려는 경향이 크다. 마치 무지개를 좇는 소년처럼.

위 질문에 대한 답을 한번 찾아보자. 와인 종류만 해도 셀 수 없이 많다. 한국에서 소비되는 와인 양은 매년 늘고 있다. 몇 년 전부터 (정확히 말하자면 한-칠레 FTA협정 이후부터) 소주, 맥주와 함께 와인이 새로운 주류로 정착하고 있다. 부부끼리 연인끼리 분위기 있는 시간을 보내고자 할 때 와인은 빠질 수 없는 주류가 되었다. 이렇듯 와인 소비가 증가하면서 세계 각국에서 각종 와인이 들어오고 있다. 그렇다면 이런 움직임을 보고 와인을 통해 돈이 될 만한 사업을 찾는 사람이 분명 있을 것이다. 사회의 변화를 느끼고 그에 상응하는 사업을 하고자 한다면 이미 늦다. 그렇기 때문에 어떤 현상이 눈앞에 벌어지기 전에 먼저 시장을 예측하고 생각하는 힘이 늘 필요하다.

"와인 시장이 커지면 무엇이 커질까?" 이 질문에 대한 답을 찾으려면 다음과 같이 거꾸로 질문해 보아야 한다. "와인은 무엇이 없으면 마실 수 없지?" 바로 답은 와인 따개다. 아무리 비싸고 귀한 와인을 구입했다 하더라도 와인을 딸 수 있는 도구가 없다면 무용지물이다. 눈에 보이는 거대한 현상과 함께 밀려오는 작은 현상에 주목해야 큰 돈을 벌 수 있는 법이다.

매장에서 어느 상품이 잘 팔릴 때, 이를 따라잡을 수 있는 히트상품을 내기 위해 무엇을 준비해야 하는지 연구하라. 여기에서도 '품'의 개념을 잘 이해해야 한다.

한 영업사원이 스님에게 빗을 팔려고 하는데, 아래 3가지 유형의 영업사원 중 누가 빗을 가장 많이 팔았을까?

- 무조건 애걸복걸 사달라고 한다.
- 높은 산 위의 사찰을 찾아다니며 영업한다.
- 고승을 찾아간다.

　머리가 한 가닥도 없는 스님에게 빗을 판다는 것부터 잘못된 발상일까? 아프리카 원주민에게 신발을 팔겠다는 영업사원과 같은 의미로 생각해 볼 수 있다. 한 사람은 맨발로 다니는 사람들을 보고 신발을 파는 것은 불가능하다고 포기하고, 또 한 사람은 신발을 신지 않은 사람을 보고 엄청난 시장이라고 의지를 불태웠다. 위의 영업사원들은 어떤 방법으로 머리카락이 없는 스님에게 빗을 팔았을까? 이 문제의 답은 '품'의 개념을 찾아가는 길이다.

　하수 영업사원은 스님에게 무조건 매달려서 빗 1개를 팔았다. 중급 영업사원은 바람이 많이 부는 산 위에 있는 사찰만을 공략했다. 바람에 헝클어진 머리를 단정히 해야 하는 여자 신도들에게 빗 10개를 팔았다. 고수의 영업사원은 가장 덕망 있는 스님을 찾아가 빗의 효용성에 대해 설명을 하였다. 덕망 있는 스님이 설법 중에 빗의 유용성을 알려줘 1천 개의 빗을 팔았다는 이야기다.

　품의 개념에 대해 좀더 살펴보자.

　월평균 4천만 개 이상 팔리는 대박상품인 '비타500'을 보자. 비타500은 광동제약을 부도 직전에서 구해낸 구원투수다. 모든 국민이 한 달에 한 병을 마시는 숫자만큼 잘 팔리는 이유는 '품'의 개념을 제대로

잡고 개발했기 때문이다. 즉, 비타500은 웰빙 바람과 함께 '마시는 비타민'이라는 품의 개념을 새롭게 만들어 성공할 수 있었다. 이 히트상품을 개발할 당시로 돌아가 보면, 2000년대 초 웰빙 바람이 전국에 불기 시작했을 때, 비타민 C의 효능과 중요성이 강조되고 있었지만, 먹기 편한 비타민 C 제품은 그리 많지 않았다. 그 당시 정제나 과립 형태의 의약품이 대부분이었고, 특히 약국에서 구할 수밖에 없는 등 일상생활에서 쉽게 접근하는 것이 힘들었다. 그리고 드링크 제품의 주 고객층은 중장년층이라는 고정관념까지 팽배한 시장 상황에서 새롭게 '품'의 개념을 써내려간 것이다.

누구나 쉽게 접근시키기 위해 슈퍼마켓, 편의점, 약국, 찜질방 등 전국 어디에서나 구입할 수 있는 유통채널을 개발했다. 그리고 중장년뿐 아니라 청년층까지 신규 고객으로 끌어들이기 위해 초기에는 광고 모델로 톱가수 '비'를 캐스팅하는 파격을 선보이기도 했다. '품'을 제대로 정의하고 여러 전술을 집행한 결과, 지금까지도 히트상품 대열에 자리매김을 하고 있는 것이다.

앞서 이야기했지만 마이크로트렌드를 읽는 것은 중요하다. 마이크로트렌드에 주목해야 할 이유는 개인이 선택할 수 있는 폭이 확대되었기 때문이다. 개인 선택이 자유로운 요즘 사람들은 더욱더 사회의 작은 틈새 속으로 스스로를 분리하고 있다. 서로 엇갈리는 트렌드 속에서 인구 1퍼센트의 니즈를 잡으려는 집단이 생겨난다는 주장도 어느 정도 설득력이 있다. 여기에서 인구 1퍼센트를 전 세계 인구의 1퍼센트라고 생각하면 작은 숫자가 결코 아니다. 주류와 대립되는 선택에

헌신하는 사람들이 1퍼센트만 있어도 세상을 변화시킬 수 있다.

새로운 세상의 변화를 미리 보면, 언덕 저편 너머에 있는 황금의 땅이 앉아서도 보인다. 이것이 바로 미래 시장을 읽는 법이다. 가장 손쉬운 방법은 3개월 동안 경제신문, 경제 주간지를 읽고 달달 외울 정도가 되면 미래가 조금씩 보일 것이다.

이제부터라도 한 시장이 커지면 이와 연관된 또 다른 미개척 시장은 무엇인지를 골똘히 고민하고 생각하는 습관을 들여라. 당장 불편하게 느끼는 생활 속 불편함을 리스트로 작성해 보라. 무엇이 당신을 불편하게 만드는가? 당신을 불편하게 만드는 것들을 생각할수록 기회는 더 많아진다. 메가트렌드 속에 숨어 있는 마이크로트렌드를 남보다 먼저 발견하고 그 시장을 만들면 된다. 이것이 히트상품으로 새로운 시장을 선점하는 비결이다.

시간이 지나면
다 소용없다

신상품 출시의 성공을 좌우하는 것은 상품과 시간의 궁합이다.

히트상품의 출시 시기는 아주 중요하다. 아무리 제품을 훌륭하게 만들었다 하더라도 그 출시 시기가 맞지 않으면 실패할 수밖에 없다. 즉, 고객은 준비가 되어 있지 않은데, 제조사 혼자 사랑한다고 고백해도 고객은 받아들이지 않는다.

식품업계에 따르면 동일한 상품이라도 때 이른 시판으로 빛을 못 보고 조기에 퇴출된 사례가 있는 반면 적절한 시기에 정확한 수요

예측으로 성공을 거둔 예도 많다.

삼양식품이 1985년에 시판한 요구르트 제품인 요거트는 너무 일찍 내놓아 실패한 대표적인 사례다. 국내 첫 떠 먹는 요구르트인 이 제품은 당시 마시던 액상 형태의 야쿠르트가 전부였던 터라 앞으로 시장이 떠먹는 형태로 발전할 것이란 예측에서 개발됐었다. 그러나 이 제품은 소비자의 주목을 받지 못했다. 반면 한국야쿠르트에서 4년 후 내놓은 떠 먹는 요구르트 '슈퍼100'은 시판하자 마자 판매가 급신장해 90년대 요구르트의 시장을 주도했다. 삼양식품은 너무 일찍 시장에 나와 빛을 보지 못한 경우이다. 우리나라의 해외여행 자유화가 시작된 해는 1989년이다. 이때부터 해외에 나가게 된 여행객들은 요구르트가 마시는 것뿐만 아니라 떠 먹는 제품도 있다는 것을 알고 하나둘씩 떠 먹는 요구르트에 관심을 가졌다. 삼양식품의 요구르트는 소비자들이 제품에 적응할 수 있는 절대적인 시간이 필요했던 셈이다. 그런데 너무 일찍 나오는 바람에 시장에서 준비가 안 된 상태였다.

반면 실패한 제품을 재단장해 성공을 이룬 사례도 적지 않다. 해태제과는 1988년 무설탕껌 '노노껌'을 시판했으나 시장에서 빛을 보지 못하다가 1994년 '덴티큐'로 이름을 바꿔 대박을 터뜨렸다.

모든 일에는 때가 있는 법이다. 그 때가 올 때까지 기다리는 내공이 필요하다. 그러나 때를 기다리지 못한다면 시장에서 살아남지 못하고 사라질 수밖에 없다.

내가 알고 있는 제조업체 중 아주 뛰어난 아이디어임에도 불구하고, 판매 시기를 제대로 포착하지 못해 사장된 상품이 한 둘이 아니다.

특히, 중소기업이 제조한 상품이 제대로 꽃도 피우기 전에 자금 압박으로 인해 울며 겨자 먹기식으로 제품 금형이나 재고를 한꺼번에 땡처리한 경우가 더 가슴이 아프다.

내가 운영하는 타이거몰에서는 십 년이 넘도록 우리나라 신상품 정보를 계속 입력하고, 판매를 하고 있지만 상당한 제품 아이디어를 갖추고도 브랜드를 홍보하는 데 실패하여 사장된 상품을 부지기수로 많이 보았다. 물론 지금은 조금만 변형을 한다면 뛰어난 상품력과 경쟁력을 지닌 상품으로 거듭날 수 있을 것이다.

가장 빨리 시장에 선보인다고 모두 성공하는 것은 아니다. 남보다 반 보만 일찍 가라고 했지만 시장이 준비도 안 된 상태에서 미리 반 보를 먼저 가면 무슨 소용이 있겠는가. 뭐든지 다 때가 있는 법이다. 그때를 기다리기 위해 강태공은 오늘도 낚시밥이 없는 줄로 시간을 낚고 있다.

10년 앞을 내다보고 지금부터 준비하는 자와 그렇지 못한 자 사이에 그 차이는 엄청날 것이다. 바쁘다는 이유만으로 미래를 준비하지 않는다면 결코 시간은 당신의 편이 되지 않는다.

2년 전 70주년을 맞이하는 도요타 자동차에서 일어난 일이다. '글로벌 비전 2020'을 선포하는 자리에서 최고경영자는 다음의 말로 축사를 대신했다. "우리의 지향점은 '동네 최고의 기업'이다."

이 말이 무엇을 의미하는지 이해되는가? 우리 같으면 글로벌 비전 2020 선포식이라 하여 거창한 구호를 만들어 모두가 제창하는 등

난리법석을 쳤을 법한 장소에서 최고경영자가 이런 말을 하다니 말이다. 이 말의 의미는 이렇게 풀어볼 수 있다. "당신이 이가 아플 때, 어느 치과를 가는가. 아마도 세계에서 가장 잘하는 치과를 찾아가지는 않을 것이다. 동네에서 가장 치료를 잘하는 치과를 찾아갈 것이다. 마찬가지로 자동차를 구입하려 할 때, 그 동네에서 가장 좋은 차를 파는 영업소를 찾을 것이므로 전 세계, 모든 도시에서 고객이 찾아오는 '우리 동네 최고의 기업'으로 뿌리 내리겠다"는 목표를 역설적으로 표현한 셈이다. 지금 사업이 잘 된다고 자신감이 넘치는 사장이나, 사업계획서대로 잘 진행되지 않는다고 실망하는 사장이나, 공히 미래를 준비하라. 거창한 사업계획을 세우는 것보다는 동네에서 최고의 기업이 되겠다는 목표를 다시 설정하기 바란다. 미래의 흐름을 아는 자가 막대한 부를 거머쥘 수 있다는 것은 누구나 아는 사실이다. 그렇지만 그런 황홀한 미래를 쟁취하는 것은 미래를 준비하는 사람에게만 기회가 열릴 것이므로 지금부터 준비하고, 준비하고, 준비하라.

세상이 원하는 것을 제공하라

제발 달을 좀 보라, 손가락만 보지 말고.

"세상이 원하는 것을 주어라." 이는 당연한 말로 들린다. 하지만 세상이 원하는 것이 무엇인지 당신은 아는가?

세상이 원하는 것이 무엇인지를 알고자 한다면, 아래의 맥도널드의 상황을 살펴보자. 이제 우리는 '밀크쉐이크'를 통해 세상과 소통하는 방법, 그리고 품의 개념, 최종적으로 세상이 원하는 것이 무엇인지를 알 수 있다.

맥도널드는 밀크셰이크를 디저트 상품군으로 분류해 매출 증대를 꾀했다. 경쟁상품으로 KFC의 비스킷, 버거킹의 아이스크림을 잡았다. 그리고 밀크셰이크를 소비하는 고객군을 분석해 8~13세의 어린 아이들이 즐겨 먹는 메뉴로 분류했다. 또 인구 통계학적으로 이들의 심리도 분석했다. 면밀히 분석한 후 맥도널드는 밀크셰이크의 품질을 개선했다. 과연 결과는 어떻게 되었을까? 매출에는 아무런 변화가 없었다.

맥도널드는 밀크쉐이크를 8~13세 아동의 디저트 상품군으로 설정했다. 그렇지만 실제 소비자들의 구매행위는 그들이 세운 가설에서 어긋났다는 점이다. 밀크셰이크를 사러 오는 고객들 중 50퍼센트는 혼자, 그것도 아침 시간에 매장을 찾았다. 또 고객들 중 대부분이 승용차를 타고 가게로 와 밀크셰이크만 단품^{單品}으로 구입했다. 그리고 바로 차를 타고 출근길에 올랐다. 즉 8~13세 어린이 고객이 아니라 출근하는 성인들에 의해 구매가 이뤄졌다는 현실을 간과했던 것이다.

왜 이런 실수가 일어났을까?

그것은 현장을 전혀 이해하지 않은 상태에서 판매 달성안을 만들었기 때문이다. 밀크쉐이크를 주로 언제, 누가 구매해서 이용하는지에 대한 정확한 사전정보를 갖추지 못한 것이 문제다.

그렇다면 고객들은 왜 밀크쉐이크를 아침 출근 시간에 구매를 했을까? 그들은 지루한 아침시간을 달래기 위해 밀크셰이크를 구입했다. 운전하는 동안 사람들은 왼손으로 운전대를 잡고 다른 한 손에 무언가를 쥐고 싶어했다. 혹은 '10시쯤 되면 배가 고플 것이다'라는 생각으로 무언가 먹어야 한다는 욕구도 있었다는 점이다. 이런 고객의 숨은 구매 이유를 사전에 발견하지 못한 것이 화근이 된다.

왜 고객들은 아침 출근의 무료함을 밀크쉐이크로 선택하게 되었을까? 수많은 대체제 중에서 유독 밀크쉐이크를 선택하게 되는 이유는 다름 아닌 '부스러기'가 안 떨어지고, 조금 긴 시간 동안 무료함을 달랠 수 있다는 점이다. 다시 말해서 고객들은 밀크쉐이크를 선택하기 전에 바나나 혹은 도너츠를 선택해 보았다. 그랬더니 바나나는 너무 빨리 먹어 심심함을 달랠 수 없었고 도너츠는 부스러기가 많아 운전에 방해가 되었다. 결국 그들은 밀크쉐이크라는 최종 대체안에 도달하게 된 것이다.

그렇다면 만약 고객이 버스나 지하철로 출근할 경우 밀크쉐이크의 경쟁상대는 어디일까? 맥도널드는 밀크쉐이크의 경쟁상대로 비스킷, 아이스크림을 설정했지만, 실제 현장에서의 경쟁상대는 조간신문이 될 것이다. 밀크쉐이크의 경쟁상대가 신문이라고? 그렇다. 이것이 바로 '품'의 개념이다. 이것이 바로 세상과 소통하는 방법이기도 하다. 그리고 세상이 원하는 것이기도 하다.

최근 맥도널드, 롯데리아 등의 패스트푸드점이 변신을 하고 있다. 몇 년 전부터 계속 진행되고 있는데, 지금까지 사랑받았던 패스트푸드 '업'의 개념에 일대 변화가 오기 시작했다는 점이다. 그 이유가 바로 '웰빙' 문화와 스타벅스 때문이다. 당신의 주위에 있는 패스트푸드점 인테리어에 일대 변화가 일어나고 있는 중이다. 이제까지 외식문화를 선도했던 패스트푸드점은 이제부터 고객의 '휴식'에 힘을 더하는 전략으로 수정했다. 그래서 조명, 의자, 인테리어를 기존 방식에서 전부 교체하고 있다. 빨리 먹고 점포를 떠나야 했던 시설물들이 좀더 오래 머무를 수 있는 공간으로 탈바꿈하기 위해 전면적인 변화를 하고 있는 것도 모두 '업'의 개념을 바꿨기 때문이다.

새로운 상품은
하나도 없다

**소비자의 관점에서 지금까지 없었던
새로운 가치를 제공하는 상품이 신상품이다.**

이 세상에 새로 나온 상품은 하나도 없다. 인류 역사가 시작된 이래 인간을 이롭게 하는 수많은 상품들이 탄생했다. 당시 새로 나왔던 상품 중에서 지금까지 생명력을 갖고 있는 제품도 있지만 대부분의 상품들은 기존 제품의 성능을 보완하거나 새로운 디자인으로 조금 변형하여 시대 환경의 변화에 맞춘 제품이다. 엄밀히 말하면 어느 날 갑자기 하늘에서 뚝 떨어진 상품은 없다는 것이다. 그렇다면 이 많은 상품 중에서 어느 것이 사람들에게 좋은 상품으로 인정을 받고 사랑을 받을까.

좋은 상품에는 여러 가지 조건이 있는데 그중에서 좋은 상품의 첫 번째 조건은 동서고금을 막론하고 동일하다. 세계적으로 인기를 끄는 모든 좋은 상품의 첫째 조건은 '매력'이다.

사람들에게 인기가 있는지 알기 위해 다음과 같은 방법을 사용해 보라. 자, 눈을 감고 당신이 구입하고자 하는 상품의 모습을 생각해 보자. 브랜드에서 연상되는 이미지와 상품의 생긴 모습이 떠오르는가? 구입하고자 하는 상품과 내 품에 꼭 안고 싶은 그 상품의 모습이 확연하게 그려지는가? 당신이 눈을 감고 상품의 이미지를 끄집어낼 수 없는 상품이라면 좋은 상품의 첫 번째 조건에서 탈락한 것이다.

그렇다면 꼭 잘생긴 상품만이 소비자로부터 선택을 받을까? 그렇지는 않다. 상품이 지닌 매력의 유무가 결정적인 선택의 기준이라 할 수 있다. 매력이란 상당히 주관적이긴 하지만 최근 들어 동서양을 막론하고 비슷해지고 있다. 매력 포인트는 고객이 해당 상품을 선택하고 사용해야 하는 당위성이기도 하다. 아무리 못 생겨도 맛만 좋으면 구입하는 식품이 있듯이 말이다. 이를 사람에 비유하자면 마치 신입사원을 선발할 때와 똑같다. 당신이 인사담당자라면 이목구비가 제대로 된 인물을 뽑거나 아니면 출중한 능력, 분위기에서 풍기는 매력이 있는 인물을 뽑으려 할 것이다. 이와 마찬가지로 소비자에게 팔리는 상품은 우선 매력이 없으면 안 된다.

회사에서는 신상품에 관해 얘기를 많이 한다. 그러나 어떤 상품이 신상품이라고 할 수 있을까. 새로 나온 상품은 모두 신상품이라고 할 수 있다. 그렇다면 일주일이 지난 상품은 헌 상품이 되는 것일까? 아니면 1년이 지나면 헌 상품이라고 할 수 있을까. 그 답은 소비자에게 있다. 신상품이라는 단어는 결국 소비자의 판단에 달려 있기 때문이다. 소비자의 관점에서 지금까지 없었던 새로운 가치를 제공하는 상품이 곧 신상품이다. 상품을 만든 회사의 입장에서 신상품이라고 할지라도 소비자가 기존 상품과 다르다고 느끼지 못한다면 그것은 신상품이 아니다. 소비자의 관점에서 시장을 보는 눈과 시장에 대한 냉철한 검토와 분석 없이 태어난 신상품은 이미 죽음이 예고된 상품이다.

소비자들은 어떻게 신상품으로 받아들이는지 살펴보자. 신상품으로 받아들이는 과정은 소비자의 기존 지식과 태도에 크게 영향을 받는다. 의식적으로든 무의식적으로든 소비자는 특정 상품에 대하여 일괄적인 태도를 유지하려 한다. 왜냐하면 자신이 생각하는 '상품의 사다리'를 무너뜨리려 하지 않기 때문이다. 그래서 자신의 머릿속에 있는 '상품의 사다리'와 어긋나는 상품에 대해서는 그 정보를 무시하거나 자신의 상황에 맞춰 왜곡하는 경향이 있다. 이는 소비자들의 태도 변화가 천천히 일어나고 있다는 것을 뜻한다.

다시 말하자면 소비자 자신이 만든 '상품의 사다리'에는 자신이 만든 주관적인 상품의 등급이 존재한다. 오직 한 가지 브랜드만을 고집하는 브랜드 로열티가 만들어지기 어려운 이유는 상품을 어느 동일 시장 내에서 동종의 여러 브랜드 중에서 선택을 해야 할 경우, 어느 하나의 특정 브랜드에 집착하여 선택하기보다는 구매 현장에서의 다른 환경에 의해 영향을 받을 수 있다는 점이다. 예를 들어 명품에 열광하는 명품족도 나름대로의 명품철학을 갖고 있으며, 선호하는 명품 브랜드에 차별성을 갖고 있다. 그렇지만 일반 상용품인 경우, 브랜드에 대한 열광적인 선호보다는 '1+1 행사'를 하는 상품, 고객이 손쉽게 집을 수 있는 공간에 있는 상품을 선호한다. 그러므로 신상품을 많이 팔기 위한 회사의 처지에서는 예상 고객에게 신상품이라고 접근하기보다 기존에 없는 가치를 줄 수 있다는 점을 강조해야 한다. 신상품에 대한 구매 이점이 그다지 크지 않기 때문이다.

흔히들 신상품의 95퍼센트는 대부분 실패한다는 말이 있다. 약간의 오차는 있겠지만 신상품 가운데 성공하는 브랜드는 정말 1~5퍼센트에 그치는 것 같다. 그만큼 신상품이 소비자의 머릿속에 남아 구매로까지 이어지는 것이 어렵다. 특히 중소기업에서 만드는 신상품은 더더욱 그렇다. 상품력, 가격, 디자인 등 모든 요소를 갖추고 있다 해도 광고와 홍보를 할 수 있는 여력이 없어 실패하거나 미투me-too제품이 범람하여 하루아침에 몰락하는 회사도 많다. 작은 규모의 사업체를 운영하는 사람들에게는 대단히 불행한 일이지만 이 역시 사전에 예고된 결과다. 팔리는 상품의 요소를 단 한 가지도 갖추지 못한 신상품이 어떻게 시장에서 생존하고 번영할 수 있겠는가. 그러니 자연스럽게 방문판매용이나 '땡처리' 물건으로 취급되어 시장에서 퇴출되는 행로를 밟을 수밖에 없다.

고객이 있는 곳이면
어디든 달려가는 상품

움직이는 고객에게는 움직이는 서비스를 제공하라.

생산자와 소비자 역할을 동시에 하는 소비자를 뜻하는 '프로슈머 prosumer'라는 단어는 많은 사람들에게 이제 익숙하다. 그렇다면 '트랜슈머transumer'라는 말을 들어보았는가. 트랜슈머는 다국적 컨설팅 업체인 피치fitch 사가 처음으로 사용한 용어로 공항의 대기시간을 쪼개 면세점 등에서 쇼핑하는 사람들을 일컫는 말이다. 다시 말하하면 이동하면서 물건이나 서비스를 구매하는 사람을 의미한다. 그 어원을 살펴보면 '넘어서 이동하는'이란 뜻이 담긴 trans와 '소비자'를 의미하는 consumer가 합쳐져 만들어낸 용어다. 기술의 발전 속도가 빨라지면서 TV 시청, 정보 검색, 영화나 게임 등 오락, 쇼핑까지 모두 손 안의 복합 단말기로 해결할 수 시대가 되었다. 예전 같으면 그냥 흘려보내야 했던 무의미한 시간을 철저히 나를 위해 투자하는 시대다.

움직이는 소비자인 트랜슈머에게는 움직이는 서비스를 제공해야 한다. 무엇보다 움직이는 서비스를 펼칠 때에 주의해야 할 것은 너무 빨라서도 혹은 너무 늦어서도 안 되는 절체절명의 시간과 속도와 방향의 비즈니스 사이의 조화를 이루는 것이다.

트랜슈머를 붙잡기 위해서 어떻게 해야 할까? 간단하다. 움직이는 서비스를 제공하면 된다. 그것이 바로 트렌비스^{trenvice}이다. 찾아가는 서비스를 통해 움직이는 고객들을 분명 만족시킬 수 있다. 특히, 일정 점포 없이 영업을 하는 무점포일 경우에는 필수이다. 요즘은 업종을 불문하고 대부분 고객이 원하는 장소로 직접 찾아가 고객이 만족할 때까지 세상에 하나뿐인 나만의 맞춤 서비스를 제공한다. 기업들 간에 펼치는 서비스 전쟁은 점점 더 치열해지고 있다. 서비스의 질에 따라 기업의 브랜드 위상이 달라지고 판매량도 달라지기 때문에 기업은 서비스에 온 힘을 쏟고 있다.

◉ 전화 한 통이면 병원이 온다

◉ 차 안에서 쇼핑을 한다

◉ 컨테이너에서 패션을 구매한다

갑작스럽게 사고를 당했을 경우, 바로 119로 응급차를 부른다. 여기에서 착안하여 미국에서는 웬만한 병은 집에서 치료할 수 있는 가정치료업home healthcare이 탄생하여 급성장하고 있다. 다이얼만 돌리면 첨단 의료설비를 갖춘 밴을 타고 의사가 집으로 찾아온다. 자동차에는 현장에서 현상까지 할 수 있는 엑스레이 시설을 비롯해 혈액형 검사기, 인공호흡장비, 봉합, 골절 치료 장비 등 웬만한 응급실 설비를 모두 갖추고 있다. 이 얼마나 편리한 세상인가.

이웃나라 일본에서는 택시를 이용하여 움직이는 매장을 시도하기도 했다. 차 안에서 이루어지는 통신판매라고 할 수 있다. 휴대폰을 통해 바로 구매하고 결제까지 할 수 있다. 차 안에 비치된 카탈로그 상품 중에서 골라 휴대폰으로 신청을 하는 것이다. 물론 휴대폰 요금은 통신판매회사가 지불하는 수신자 부담 전화방식으로 되어 있으며 배송 처리가 바로 된다. 택시 트렁크에 일부 상품의 재고를 갖추어놓았기 때문에 바로 구매할 수도 있다.

싱가포르에서는 새로운 개념의 움직이는 매장을 선보였다. 이는 트랜슈머를 위한 매장으로 새롭게 런칭하는 제품을 홍보하고 패션 브랜드를 직접 판매할 수 있다. 아이맥 컴퓨터와 아이팝 하이파이를 갖춘 첨단 통신설비도 있다. 이것은 프라다그룹과 푸마가 디자인한 연구실 형태의 컨테이너로 패션의류, 슈즈, 잡지, CD, 모토롤라 휴대폰 등을 전시, 판매 하고 있다. 노점에서 파는 저가상품 비즈니스에서 고품격의 최첨단 노점 비즈니스로 거듭난 것이다.

움직이는 고객을 쫓아 다니지 않고도 그들에게 새로운 맞춤 상품을 제공할 수 있는 곳이 바로 지하철역이다. 역이 곧 미디어다. 움직이는 고객의 각종 정보를 주고받을 수 있는 미디어 기능을 충분히 할 수 있다. 1시간에 1만 명 이상이 움직이는 역의 동선에 점포를 두어라. 서울의 경우에는 강남역, 교대역, 종로3가역 등의 환승역이 적당할 것이다. 그곳에 당신이 전달하려는 혹은 제안하려는 매장을 연 다음, 움직이는 고객인 트렌슈머가 만족할 만한 상품으로 유혹하라. 이것이 바로 트렌비스다.

글로벌 브랜드는 있지만
글로벌 구매동기는 없다

**글로벌 사람을 나누는 기준은
지리적 접근성이 아니라 문화적 요인이 먼저다.**

히트상품 반열에 올려놓고 싶다면 요즘 흔히 말하는 '완전 소중한' 완소 제품으로 만들어야 한다. 완소 제품은 그 나라 혹은 지역의 문화를 먼저 이해할 때 탄생한다.

예를 들면 가전제품들을 수출하는 기업에서는 현지의 문화와 생활습관을 고려한 상품으로 리뉴얼해 새롭게 선보인다. 외국 상품을 수입할 때에는 우리나라 생활과 문화에 적합한지에 대해 깊이 연구한 후에 들여오는 것이 원칙이다.

세계 각국에는 모두 다양한 문화가 있다. 따라서 어느 한 나라에서 상품을 성공적으로 개발했다고 다른 나라에서도 성공할 수 있다는 것은 섣부른 판단이다. 지리적 근접성이나 언어에 따라 시장을 구분하는 방식은 옛날 방식이다. 이제는 문화적 요인에 따라서 시장을 구분해야 한다. 지역 경계가 허물어진 지금은 글로벌 브랜드가 존재한다. 그렇지만 글로벌 구매동기라는 것은 존재하지 않는다. 즉, 각국의 문화와 관습에 따라 구매하는 경향이 여전히 크다는 점을 혼동하지 말아야 한다.

다음은 문화적 요소를 미리 고려하여 히트상품 대열에 올려놓은 사례다. 우리 문화를 생각했을 때 이해하기 힘든 경우도 있지만 그 나라의 관습과 문화를 이해하지 않으면 절대 히트상품을 배출해내지 못한다.

삼성전자는 정전이 자주 발생하는 인도에서 아이스팩 냉장고를 판매한다. 전원공급이 일시 중단되었을 때 냉동실 내의 아이스팩이 일정 시간 냉기를 유지해 주는 것이다. 대우일렉은 더운 중동지역에서 냉장고 문을 자주 여닫는 것을 방지하기 위해 자물쇠를 부착한 냉장고를 판매하고 있다. 노비타는 비데 보급률이 50퍼센트가 넘는 비데의 본고장 일본에 리모컨이 장착된 전략상품을 수출한다. 보통 비데는 손만 뻗으면 바로 스위치가 닿기 때문에 리모컨이 필요 없는 제품이지만 일본의 경우, 대부분의 가전제품에 리모컨을 사용하기 때문에 일부러 리모컨을 장착한 비데를 만들어 수출하는 것이다. 위니아 만도의 김치냉장고 '딤채'는 북미 지역에서는 와인냉장고로 팔리고 있다. 각각 나누어진 칸에 레드와인과 화이트와인을 따로 보관한다. LG전자는 이슬람교도들을 위한 휴대전화인 '메카폰'으로 성공했다. 성지인 메카를 향해 하루에 수차례 기도를 올리는 이슬람교도들을 위해 나침반 기능을 추가했다. 이슬람교도인을 위한 제품으로 최근에는 메카방향을 알려주는 나침반이 달린 기도용 카펫까지 등장했다. 여기다가 정해진 기도시간을 알려주고 절하는 횟수까지 측정해 주는 전자계측기도 출시돼 이슬람국가에서 선풍적인 인기를 끌고 있다. 반대로 이슬람 문화를 미리 알지 못해 실패한 사례도 있다. 이슬람 문화권에 미국산 보톡스 제품은 처음에는 여성들에게 상당한 인기를 끌었지만 이슬람 율법이 금지하는 돼지 추출물이 포함됐다는 사실이 알려지면서 매출이 급감하여 종국에는 자취를 감추게 되었다.

이처럼 나라와 지역 문화를 이해하고 나서야 히트상품도 만들 수 있다. 히트상품을 전 세계에 퍼뜨리고 싶다면, 해당 나라의 역사와 문화를 먼저 공부하고 그에 맞는 상품을 만들어라.

얼마 전 전통시장에 나갔는데, 상인들이 중국인 소비자에 대한 불평불만을 토로했다. 인근에 사는 중국인들이 매장에 와서는 모든 상품을 꺼내서 보고 만지고 해놓고는 그냥 아무 말도 없이 나가버린다는 것이다. 가격만 묻고는 뒤도 안 보고 가는 무뢰한이라고 했다. 나는 상인들에게 그들의 문화를 이해해야 한다고 설명했다. 중국인들의 구매습관을 보면 대중의 소비패턴에 편승하는 경향이 크다. 타인에게 인정을 받은 다음에 구매를 하기 때문에 실제 구매하기까지 어느 정도 시간이 소요된다. 중요한 것은 그들이 직접 상품을 만지도록 두는 것이다. 직접 상품을 만져보기 전에는 쉽게 구매 결정을 하지 않기 때문에 만져보고 적극적으로 체험하도록 하는 것이 중요하다. 고객의 구매 습관을 미리 알 수 있다면 상당한 매출을 기대할 수 있다.

21세기 고객에게는 상품이 아닌 문화를 팔아야 한다고 앞서 얘기했다. 그래서 그런지 요즘은 백화점에서 VIP고객을 위한 무료 초청 음악회를 많이 여는데 사소한 문제로 고객의 원성을 사는 경우가 종종 있다. 아무리 문화로 접근해야 한다고 하지만 제대로 만들어 접근하지 못하면 안 하느니 못하다. 특히, VIP 행사를 주관하는 경우 마무리에 더욱 신경을 써야 한다. 멋지게 차려 입고 음악회에 오지만 주차장 입구부터 문제가 발생한다. 혹은 행사가 끝나고 나서 주차장 출구에서 진행요원이 없어서 뒤죽박죽 차가 엉키는 경우도 많다. 백화점은 음악회 주최만 했지 제반 서비스 준비에는 소홀하여 벌어진 일이다. 어떤 과정에서든 마무리까지 최선을 다하여 책임지는 자세가 필요하다.

어려울수록
상부상조하라

**작은 기업은 서로 협업하지 않으면
시장에서 살아남을 확률은 점점 희박해진다.**

요즘같이 어려운 시기에는 서로 돕는 상생 마케팅이 필요하다. 오히려 서로의 빈 곳을 채워주며 새로운 길을 모색해야 한다. 중소기업끼리 서로의 핵심역량을 모아 새로운 상품을 만들어 성공한 사례를 먼저 보자. 백지장도 맞들면 낫다는 소리가 있지 않은가. 자기만 잘 났다고 우기지 말고 함께 갈 수 있는 방법을 찾아보면 그 어떤 어려움도 헤쳐 나갈 수 있다.

율무차 등 분말 전통차를 생산하는 한 제조업체는 밀폐용기를 만드는 업체와 손을 잡았다. 주부들에게 인기를 얻고 있는 가정용 밀폐용기에 1회용 스틱포장의 전통차 제품을 담기 위해서다. 23년 동안 전통차를 제조해 왔지만 소비자들에게 많이 알려져 있지 않은 터에 밀폐용기에 차를 담는 방법을 생각해냈다. 밀폐용기에 차를 보존했을 때 신선도를 잘 유지할 수 있다는 데에서 나온 아이디어다. 빈 박스나 빈 용기를 생산하는 회사에서는 '품'의 개념을 다시 정의하고, 상생할 수 있는 상품을 찾아내어 함께 가는 길을 모색하라.

한 MP3플레이어 후발업체에서는 고성능 중앙처리장치와 USB 포트가 내장된 제품을 생산하여 시장에 진입하는 데 성공했지만 자금이 부족해 늘 고전을 면치 못했다. 이때 새로 MP3 개발에 나선 다른 제조업체에 손을 내밀었다. 두 제조업체는 제품은 따로 만들었지만 기술은 서로 공유했다. 이 두 회사 모두 성공을 했는데, 이는 믿음이 있었기에 가능한 일이다. 믿음을 주지 못하는 단계에서 섣부르게 했다가는 오히려 손실만 볼 수 있다. 그러나 대기업은 M&A를 통해 더 몸집을 불려가는 상황에서 중소기업이 홀로 독야청청하기에는 시장 여건이 결코 녹록치 않다. 목표시장을 함께할 수 있도록 업무분담을 하고 가장 경쟁력 있는 부분에 집중함으로써 소기의 성과를 이루는 것이 살아남는 법이다. 가끔 힘을 합하면 분명 성공할 수 있는 시장이 있음에도 불구하고 혼자 살겠다고 제 살 깎기를 반복하는 젊은 사장을 보면 안타깝다.

인구 56만 명에 불과하지만 무려 6개 대형마트가 입주해 있는 제주도 지역 소상공인들이 2002년, 공동물류센터 건설로 대형마트에 맞섰다. 공사비와 시설비만 37억 원이 투입되는 대형공사였지만 200여 개의 회원사가 합심하여 공동으로 물류센터를 건립한 것이다. 물류센터 건립 이후 제조업체와 직거래 혹은 공동구매를 통해 매입단가를 10~15퍼센트 절약할 수 있었다. 이후 양곡, 우유, 건어물 등을 자체 PB상품으로 개발해 회원 점포에 낮은 가격으로 공급하는 등 공동 바잉 업무까지 상생 마케팅의 범위를 확대시켰다. 물류비용이 높은 제주도에서 물류센터를 건립하면서 소상인들은 협동을 통해 새로운 길을 열었다.

대전 중앙시장 그릇도매상가들은 과감한 점포 합병을 통해 공존 공영하게 되었다. 대전에 있는 중앙시장에 그릇도매상가가 처음 문을 열 때만 해도 16개 점포 사장들이 서로 경쟁을 벌였지만, 대형 유통업체에 시장을 많이 빼앗기기 시작하자 공생의 길을 걷게 된다. 16개 점포는 1개 점포로 합병하고 공동사장 5명 체제로 바꾼 것이다. 임기 1년인 회장을 제외하고는 모두 직원처럼 일을 하고 월급을 받는 체제로 수정, 보완을 하여 연말에 이익을 배분하는 시스템이다.

단일 대형 그릇도매점이 되면서 각 점포별로 별도 부담했던 차량 운송비 등 물류비는 대폭 줄어들고 대량구매를 통해 저렴하게 구매할 수 있게 되었다. 아무리 작은 시장이라도 점포 합병, 매장 인테리어, 서비스 개선 등을 통해 경쟁력을 키워야 생존, 번영이 가능하다. 특히 올 한 해는 생존을 목표로 마음을 열고 함께할 수 있는 업체와 상생 마

케팅을 하는 것이 필요하다. '따로 똑같이' 전략이 지금만큼 절실한 때
도 없을 것이다.

무엇이든
결합할 수 있다

신개념의 상품은 상상력의 결과물이다.

유형의 상품과 무형의 서비스를 잘 결합만 시켜도 히트상품이 탄생할
수 있다. 일본의 이세탄백화점은 AIU보험사와 넥타이 제조사 NSN사
와 공동으로 '아버지의 날'을 기념하는 기획 넥타이를 개발했다. 상품
이름은 비인슈어드$^{Be\ Insured}$로 그 종류는 골프보험과 안심보험(교통사
고, 화재 등에 대비) 이 두 가지다. 상품의 이용 방법 역시 간편하다. 선물
을 받은 아버지가 넥타이에 부착된 신고서에 주소 등을 써서 우편 혹

은 팩스로 보내면 1년짜리 보험에 자동으로 가입하게 된다. 넥타이의 가격은 우리 돈으로 7만 원 정도다. 무형의 상품인 보험에 넥타이라는 유형의 상품을 결합시켜 나온 상품이다.

넥타이뿐만 아니라 구두까지 확장해서 생각해 볼 수 있다. 예를 들어, 보험에 든 신발을 신고 가다가 불의의 사고를 당하면 보험사에서 보상을 해주는 것이다. 현재 우리나라에서도 제조사와 판매사, 보험사 3자가 만나면 얼마든지 새로운 보험상품을 개발할 수 있다. 눈에 보이지 않는 서비스 상품으로는 보험상품만 있는 것은 아니다.여기에 착안하여 해외여행과 결합할 수 있는 상품을 생각해 보자. 우리나라 보험사의 경우에도 현재까지 개발한 상품으로는 날씨보험(날씨로 인한 피해나 손실을 보상해 주는 보험) 등이 있는데 이는 보험사가 단독 개발한 경우이며 여러 경우의 수를 생각해 보자. 여기에서 한 가지 덧붙인다면, 이제 모든 상품에는 재미 요소가 가미되어야 대박이 난다는 사실을 잊지 말자.

요즘 TV홈쇼핑에서는 보험상품도 상당히 많이 판매하고 있다. 그렇다면 보험회사에 이미 있는 상품을 소개하는 데 그치지 말고 자체적으로 만든 보험상품을 만들어 판매해 보는 것은 어떨까? 예를 들면, 헬스 사이클과 보험을 결합하여 판매하는 것이다.

대형 할인마트에서 자체적으로 만든 PB상품을 다양하게 개발하고 있는데, 아직은 공산품에 그치고 있다. 누구나 만들 수 있는 상품보다는 누구도 만들 수 없으며 부가가치가 높은 상품을 직접 만들어 판매한다면 적정 마진에 고객에게 칭찬까지 덤으로 얻을 수 있는 회사로 거듭날 수 있다.

21세기에는 기존의 상품과 새로운 개념의 상품이나 서비스를 결합하면 당신의 고정관념을 뛰어넘어 히트상품으로 탄생할 것이다. 새롭게 탄생한 상품을 소비자에게 제대로 전달하는 마케팅 노하우를 함께 연구하라.

이 세상에
공짜 싫어하는 사람은 없다

인생의 기회는 변하는 마켓과 트렌드 속에 숨어 있다.

세상이 원하는 것을 주어야 한다는 진리에는 누구나 동의할 것이다. 그렇다면 사상 초유의 전 세계 금융위기가 온 지금의 세상이 원하는 것은 무엇일까? 그것은 바로 '공짜'가 아닐까. '공짜 마케팅'을 통해 비즈니스를 영위하는 회사가 있다.

이 세상에 공짜를 싫어할 사람이 있는가? 당연히 없다. 그런데 공짜 좋아하다가 패가망신한 일이 비일비재하다. 은행대출이든 신용카드 결제든 지금 당장 현금이 나가지 않는다고 냉큼 구입했다가 정작 값을 때가 되어 산 것을 후회하는 경우가 많다. 그럼에도 공짜를 좋아하는 사람들의 심리를 이용해 새로운 돈벌이 비즈니스 모델을 만들어가는 사람들이 있다.

공짜로 영화를 상영한다

멕시코 주민의 90퍼센트 정도가 유료로 영화를 볼 형편이 안 된다는 사실을 알고 3년 전부터 공짜로 영화를 상영해 주는 멕시코 젊은이가 있다. 어떻게 공짜로 영화를 보여주면서 이익을 창출하는 사업이 가능한 것일까?

공짜 영화사는 우선 유명 글로벌 기업으로부터 광고비를 받고, 영화 시작과 끝 부분에 광고를 넣어주고, 영화를 상영하는 곳 주변에 광고판을 세워 놓는다. 당연히 광고전단에도 광고주 브랜드를 넣어서 제작해 배포한다. 그리고 사회복지단체의 도움을 받아 마이크로크레디트 제도(빈민에게 소액대출해 주는 제도)를 설명해 주고 소규모 자금을 빌려주는 기회를 제공한다.

우선 고객은 공짜로 영화를 볼 수 있어서 만족하고, 마이크로크레디트 사회사업을 벌이는 단체들은 가난한 사람들과 자연스러운 만남과 소액대출의 기회 제공을 할 수 있어 만족하고, 유명 글로벌 기업은 자선사업을 하는 기업으로 명성을 얻어 만족한다. 이 사업의 주체인 공짜 영화사는 돈도 벌고, 빈자를 도와주는 기업으로 명분도 쌓으니 그야말로 1석 4조의 사업이다.

공짜로 냉장고를 공급한다

독일의 보쉬와 지멘스가 공동 설립한 보쉬-지멘스가 브라질의 빈민촌에 공짜로 냉장고를 주는 사업을 전개하고 있다. 이들은 어떻게 냉장고를 공짜로 주면서 사업을 영위할 수 있는 것일까?

이 회사는 리우데자네이루의 전력회사에 신형 냉장고를 거의 공짜로 공급하게 되면, 이 전력회사는 냉장고를 빈민촌 주민에게 공짜로 나눠주는 대신 전기를 많이 먹는 구형 냉장고를 회수해 보쉬-지멘스에 건네준다. 이 거래에서 보쉬-지멘스가 돈을 버는 방법은 구형 냉장고에 숨겨져 있다.

'탄소 배출권'이라는 단어를 들어 보았는가? 이는 유엔 기후변화협약에 의거하여 탄생한 신종 에너지 파생상품으로써, 온실가스 감축 의무를 지우기 위해 '교토의정서'에서 합의된 상품이다. 대상국이 온실가스 감축의무를 이행하지 못했을 때 다른 나라(기업)의 배출권을 취득하면 이행한 것으로 간주하는 것이다. 현재까지 온실가스 의무감축 대상국은 38개국(EU는 1개국으로 간주)이다. 특히 유럽은 탄소 배출권 거래가 활발히 이뤄지고 있는데 톤당 26유로에서 거래되고 있는 상태다. 탄소 배출권을 필두로 앞으로 무형의 자원을 유가증권(파생상품)으로 바꾸는 신종 에너지 상품의 잇단 출현이 예고되고 있다. 세계 여러 나라에서는 탄소 배출권 사업을 21세기 황금알을 낳는 사업이라 여기고 눈독을 들이고 있는 중이다.

즉, 구형 냉장고에서 지구 오존층을 파괴하는 냉매인 HFC를 회수해 처리하면 회사는 '탄소 배출권'을 받게 된다. 이 '탄소 배출권'을 거래소에 팔아 수익을 챙기는 비즈니스 모델인 셈이다. 이와 함께 사회적 책임을 충실히 수행하는 기업이라는 명성도 덤으로 얻는다. 전력회사는 빈민촌에 저전력 냉장고를 줘 전력수요를 줄일 수 있다. 덕분에 빈민촌을 위해 추가로 발전소를 짓지 않아도 된다. 그야말로 1석 3조의 비즈니스 모델 아닌가!

공짜로 자동차를 나눠준다

요즘은 어느 가정이든 자동차가 필요하다. 그런데 자동차를 공짜로 나눠주고 달린 만큼 사용료를 받는다면 당신은 공짜 자동차를 갖고 싶은가?

미국 벤처기업인이 무료로 전기자동차를 주고 주행거리만큼 이용료를 받는 사업을 이스라엘에서 추진하고 있다. 이를 위해 전기충전소를 곳곳에 설치 중이다. 무료 전기자동차 사업 모델은 이스라엘처럼 국토가 좁은 데서 성공할 것으로 보인다. 이 회사의 다음 진출 목표지는 하와이다. 우리나라처럼 국토가 좁은 나라에서도 당연히 성공할 수 있는 비즈니스 모델이다. 우리나라도 최근 전기자동차를 시험, 운영하는데 이를 무상으로 대여해 주고, 사용에 따르는 전기충전사업으로 돈을 버는 방법을 제안하고 싶다. 특히, 제주도는 관광객들이 많으니 더더욱 적용이 쉬우리라 본다. 각 나라의 관광객들에게 무상으로 전기자동차를 대여해 주고, 사용료를 받는 방식을 통해 관광수익을 올리는 방안을 검토해 주기 바란다.

공짜로 커피 리필 해드립니다

세계 최대 커피 체인인 스타벅스는 단골손님에게 주는 혜택을 대폭 늘리기로 했다. 고객카드를 사용하는 사람에게 무료 향신료를 제공하고 공짜 리필도 해주겠다는 계획을 세웠다. 충성도 높은 고객과 의사소통을 강화하기 위해 새 홈페이지를 열겠다는 방침도 공개했다. 접속자들이 커피에 대해 의견을 나누면서 회사에 대해 호감을 갖도록 하기 위해서다. 신규고객보다 기존 충성고객을 늘리겠다는 의지가 보인다. 싸게 많이 파는 것보다 단골손님 관리가 중요하다는 것을 깨달은 것이다.

공짜로 책을 나눠준다

한 여대생이 문득 한 번 읽고 나면 책장에서 잠자고 있는 책들을 서로 바꿔보면 어떨까 하는 생각에 새로운 공짜 책 구입 비즈니스 모델을 만들었다. 다른 사람을 위해 본인이 읽고 난 책을 사이트에 올리면 1,000포인트를 주고, 사이트 목록의 책을 받아가려면 1,500포인트를 내야 한다. 결국 회원이 자기 책 두 권을 제공하고 한 권을 얻는 셈이다. 착불 택배를 이용해 책을 주고받으니 책에 관심 있는 사람은 택배비만 있으면 원하는 책을 얻을 수 있다.

이와 같은 사례를 보면서 무슨 영감이 떠오르는가. 새로운 사업 시나리오가 마구 생각나지 않는가. 세상 사람들이 공짜만을 요구하지는 않는다. 물론 최저가격만을 요구하지도 않는다. 21세기 디지털 컨슈머가 진정 요구하는 것이 무엇인지 늘 고민하고, 시장을 주의 깊게 관찰하고 조사를 해야 한다. 그리고 조금만 세상을 달리 보면 '품'의 개념이 달라 보일 것이다. 그것이 바로 새로운 사업의 기회이며 새로운 부를 잡을 수 있는 기회가 된다. 인생에 3번의 기회만 오는 것이 아니라 눈을 돌리기만 하면 또 다른 기회가 계속 당신을 보고 웃고 있을 것이다.

retail
marketing

라인업이
살아야
오래 간다

초등학교에 들어가면 가장 먼저 배우는 것이 무엇일까? 그것은 바로 입학식 때 하는 '줄서기'다. 이는 인생의 첫 번째 줄서기가 된다. 특히 우리 사회에서는 줄을 잘 서면 잘 풀리지만, 줄을 잘못 서면 인생이 꼬이기도 한다. 만약 한 번 꼬였다면 다시 정비하고 줄을 다시 서야 한다. 히트상품의 줄서기도 마찬가지다. 줄을 잘 서야 시장에서 롱런할 수 있는 이치와 같다. 상품의 줄서기는 '브랜딩'으로 이해하면 쉽다. 줄을 잘못 섰다면, 성장할 수 있는 줄로 옮겨 타야 한다. 이번 장에서는 줄서기를 잘해 시장에서 오래 사랑받을 수 있는 브랜딩 전략에 대해 살펴보자.

후속작을 성공시키지 못하면 금세 사라진다

선 전략은 히트상품 출시 전에 구축되어야 한다.

당신이 심혈을 기울여 만든 상품이거나 혹은 열심히 해외 시장조사를 하여 수입한 상품이 당신의 의도를 훨씬 뛰어넘는 시장 반응을 보인다면 아마 깜짝 놀라게 될 것이다. 소위 대박상품이 탄생한 것이다. 지금까지 내가 지켜본 제조업체 중에서 10년 이상 같은 비즈니스를 유지하고 있는 업체가 많지 않은 것을 보면 1단계 상품을 내놓는 점 전략에선 성공했을지 모르나 2단계인 선 전략에서 분명 실패한 것이 틀림없다.

만일 단일 상품이 시장에서 성공을 거두면 우선 언론에서 가장 먼저 달려들게 되어 있다. 각종 매체에서 쇄도하는 인터뷰 요청에 응하느라 눈코 뜰 새 없이 바쁜 나날을 보낼 것이다. 그뿐만 아니라 돈 냄새를 맡고 달려드는 수많은 파리 떼 극성에 아군과 적군을 판가름하는 것조차 쉽지 않을 것이다. 하지만 사기꾼 냄새를 풍기는 무리들이 주변에 서성이기 시작했다는 것은 1단계에서 소기의 성과를 올렸다는 뜻이다.

하지만 처음 시장에 진출할 때에는 적어도 2단계 전략인 브랜드 전략까지 수립한 후 상품을 내놓아야 한다. 그리고 1단계에서 성공했다면 단계별로 마케팅 행동지침을 마련하고 여론에 응대할 수 있는 전략도 구사해 놓아야 한다. 상품이든 사람이든 똑같다. 예를 들어, 신인가수가 정말 운 좋게도 처음 낸 곡이 히트를 하게 되면 바쁜 스케줄에 시달리면서도 쏟아지는 러브콜에 기분 좋은 비명을 지르게 된다. 문제는 두 번째다. 만일 그 가수가 두 번째 노래를 히트시키지 못하면 시장에서 사라지는 것은 순간이다. 상품도 이와 마찬가지다. 첫 번째 히트상품의 저력을 두 번째 상품으로까지 연결시킬 수 있어야 한다. 그렇기 때문에 선 전략은 매우 중요하다.

지금까지 내가 만난 대부분의 중소 제조업체 대표들은 오로지 한 가지 상품을 만들어내기까지 온 힘을 다 기울였다. 그렇게 탄생한 상품이 히트하면 가장 먼저 제조시설을 늘리는 데에만 급급했다. 승리의 감정에 취해 있을 때 이미 시장에는 카피본이 나와 있다. 요즘은 중

국에서 거의 유사한 모조품을 발 빠르게 시장에 내놓으면서 기존 히
트상품의 생존권을 더 빨리 위협하고 있다. 특히 중소업체에서 개발한
신상품은 미처 보호 장치를 마련하기도 전에 카피본이 나오기 때문에
더욱더 제2의 히트상품을 준비해 놓아야 한다. 하지만 반대로 특허를
절대 내지 말아야 할 때도 있다. 특허를 신청한다는 것은 사업의 노하
우와 비밀을 전 세계에 알리는 것과 마찬가지다. 물론 특허법을 통해
상품의 특허 부분은 보호를 받겠지만 경쟁업체나 유사업체에서 당신
이 낸 특허와 조금만 다르게 하여 특허 신청을 하면, 싸움을 하기도 전
에 지게 된다.

경쟁사에서 카피본의 무절제한 방출로 시장을 흐려놓기 전에 히
트상품을 낸 다음의 단계까지 미리 구상해 놓고 먼저 움직여야 한다.
브랜드 '줄서기' 전략이 신상품 출시 이전에 만들어져야만 10년 이상
사업을 영위할 수 있다.

마케팅의 대가 필립 코틀러에 따르면 브랜드의 중요성은 날로
증가하며 브랜드의 미래가 기업의 미래를 결정한다고 했다. 이는 각
기업이 브랜드 전략에 실패하게 되면 시장에서 바로 퇴출된다는 것
을 의미한다.

소비자들은 자신이 기억하고 있는 브랜드를 선택한다. 모든 상품
이 이름을 갖고 태어나지만 오로지 고객이 기억하는 브랜드만이 존재
가치가 있다. 브랜드를 구축하는 일은 고객의 충성도와 기업의 인지
도, 상품으로 인해 연상되는 이미지 등을 모두 함축하고 있는 기업의

가장 중요한 자산이다. 제대로 된 브랜드를 갖기 위해서는 다음의 원칙을 먼저 지켜야 한다.

우선 회사가 추구하는 핵심가치가 무엇인지 묻고 또 물어라. 1단계에서 성공한 히트상품의 핵심가치를 살릴 수 있는 기업의 컨셉을 절대 놓쳐서는 안 된다. 그래서 브랜드에 따르는 이미지가 바로 떠올라야 한다.

브랜드 전략에서 무시할 수 없는 것이 안티 세력을 무마할 수 있는 시스템이다. 인터넷에 잘못된 정보가 퍼졌을 때는 이미 걷잡을 수 없다. 사실 여부와 상관없이 정보는 진실과 거짓의 경계를 넘나들며 대부분의 소비자를 현혹시킨다. 회사 입장에서 이 같은 상황은 테러로 볼 수 있다. 테러와 같은 위급한 상황에 대처할 수 있는 매뉴얼을 미리 마련해 놓는다면 휘둘리지 않고 현명하게 처리할 수 있을 것이다.

첫 번째 상품이 실패한다면 기존의 브랜드를 계속 가져가는 것이 좋을지 아니면 다른 브랜드로 갈아타야 할지에 대해 처음부터 다시 생각해봐야 한다. 여기에서도 당신의 회사가 추구하는 핵심 가치에 대해 충분히 숙고해야 한다. 가끔은 우리가 만든 상품과 유사한 브랜드를 경쟁업체에서 내놓을까 봐 전전긍긍하며 성급하게 시장에 진입하는 때도 있는데 이는 오히려 마이너스 결과를 불러올 수도 있다. 첫 번째 단추를 잘 꿰는 것이 시간을 단축하는 것임을 잊지 마라.

경쟁 브랜드가 나오기 전에
경쟁 브랜드를 만들어라

의도적 경쟁 브랜드를 자체적으로 만들어 충돌시켜라.

신제품 런칭을 할 때 후발주자가 따라붙는 것을 미리 막을 수 있는 방법은 없을까? 장기로 이야기하자면 서너 수를 앞서서 보고 패를 움직이는 것인데, 어떻게 상대의 수를 미리 읽고 움직일 수 있을까? 대기업의 경우 치밀한 브랜드 전략으로 다양한 고객층을 포섭하는 전략을 사용한다. 가장 대표적인 시계 브랜드인 스와치 그룹은 불황 속에서도 40~60퍼센트 신장률을 보이고 있다. 스와치는 가장 고가인 브레게

^{breguet}부터 저가인 스와치^{swatch}까지 17가지 브랜드를 국내에서 판매하고 있다. 이는 경쟁사가 치고 들어올 자리에 자사의 또 다른 브랜드로 미리 자리매김을 해놓는 전략이다. 바로 경쟁사가 놓을 바둑의 포지션에 내 바둑을 미리 포진시키는 것이다. 또는 동일한 목표고객을 위해 두 개의 브랜드를 의도적으로 만드는 방법도 있다. 물론 제조업체 관련 정보는 철저히 가리는 전략을 쓴다. 하이트가 크라운맥주에서 나온 것을 한참 후에 알 수 있었던 것처럼.

우리나라에서 가장 많은 브랜드로 고객을 공략하는 업종 중 하나는 자동차라 할 수 있다. 한국을 대표하는 자동차 회사인 '현대자동차'와 '기아자동차'는 한 지붕 두 가족인 셈이다. 소비자들은 같은 회사의 다른 브랜드를 비교하고 선택한다.

의도적인 경쟁 브랜드 전략은 특히 형제가 운영화는 회사에서 자주 사용한다. 약주시장을 양분하고 있는 국순당과 배상면주가는 형제가 각각 운영하는 회사다. 소주시장과 한판 붙기 전에 약주 시장을 먼저 확고히 다져놓는 것이다. 소주시장에서 알코올 도수를 낮추는 전략으로 약주시장을 침범해오자 의도적으로 경쟁관계로 만들어버린 것이다. '백세주'와 '대포'라는 브랜드가 경합하면서 서서히 소주시장을 공략할 준비를 하고 있다.

'시몬스' 침대와 '에이스' 침대 역시 형제 사이로, 상호경쟁을 하는 것처럼 보이지만 보이지 않는 협조관계를 유지하고 있다는 것을 누구나 유추 해석할 수 있다.

의도적 경쟁관계를 설정하는 것은 엔터테인먼트 비즈니스에서도 자주 사용하는 수법이다. 가요계의 대표적인 라이벌 관계로 설정해 놓은 송대관과 태진아 두 사람은 무대에서 거침없이 서로 공격하며 재미를 주고 사람들로부터 인기를 끌고 있다.

　의도적 경쟁 관계는 재미와 전략적 마켓 포지셔닝 두 가지를 동시에 잡을 수 있는 유용한 마케팅 전략이다.

남들이 가기 싫어하는 길을 먼저 가라

숲으로 가려져 보이지 않는
남들이 가기 싫어하는 길에 기회가 있다.

아무도 가지 않은 길을 먼저 용감히 가는 사람이 많지는 않다. 앞서도 말했듯이 초등학교 때부터 남들과 다르면 왕따를 당하는 사회적 분위기에서는 더더욱 힘이 든다. 하지만 남들이 가는 길만 따라간다면 어떻게 돈을 많이 벌 수 있겠는가. 요즘 인터넷 쇼핑몰이 잘 된다고 하여 모두가 인터넷 시장에 뛰어든다면 과연 성공할 확률이 높을 것인가 묻고 싶다.

1980년대 '워크맨'신화로 영원히 꺼지지 않을 줄 알았던 일본의 '소니'가 요즘 왜 이리 힘을 쓰지 못하는가. 그 이유는 지금에 와서 보면 아주 간단하다. '소니'는 아날로그 세상에서 디지털 세상으로 넘어가는 과정이 다른 기업보다 몇 년이 늦었기 때문이다. 이런 일이 발생한 이유는 의사결정을 하는 소니의 최상층 경영진이 디지털 세상으로 교체되는 세상의 흐름을 미리 선점하려는 명확한 비전과 조직을 이끄는 리더십에서 경쟁사보다 뒤졌다고 보는 견해가 많다. 이는 우리나라 여러 공기업의 수장과도 상관이 있어 보인다. 공기업의 수장은 꼭 55세 이상의 나이를 먹어야 할 수 있다는 고정관념이 우리 스스로 혁신을 못하도록 옥쇄를 채우는 것은 아닐까. 공기업을 3번이나 수장을 했던 사람이 쓴 책에 나오듯이 '공기업은 방만 경영이 이뤄질 수밖에 없는 구조며 이를 타개하기 위해서는 주인정신이 핵심'이라는 것, 그리고 그는 이 메시지를 제목 '세발자전거를 타는 사람들'로 함축했다. 절대 넘어질 염려가 없는 조직이라는 것이다. 그러니 도전하고 남들이 가지 않은 길을 갈 수 있는 시스템이 전혀 될 수 없는 것이다.

다음은 남들이 다하는 방식이 아닌 독자적인 길을 가 성공한 사례다. 형지어패럴 대표는 1982년부터 동대문에서 여성 바지 전문 상점을 운영하던 중, 싱가포르의 브랜디인 '크로커다일'을 들여와 히트를 쳤다. 첫 번째 라인업에서 성공한 것이다. 중요한 것은 두 번째 라인업까지 성공하는 것이다. 본격적인 의류사업에 뛰어들기 위해 남들이 다 하는 명동에 점포를 내지 않고 B급 상권인 시장 입구와 지방 소도시부터 매장을 열어 중심상권을 공략하는 전략을 썼다. 처음 이러한 시도를 보고 주변에서는 시장에서 장사를 하면 싸구려 이미지만 생기기 때문에 명동이나 종로부터 상점을 개설하라고 했다. 하지만 모든 사람의 반대를 물리치고 초기의 재래시장 입구와 지방 소도시를 공략하여 지금은 중장년층을 상대로 자리매김을 확실히 하였다.

남들이 가지 않은 길을 먼저 가는 외로움은 해보지 않은 사람은 모른다. 주위의 따가운 시선과 질시를 외면한 채, 목표를 향해 돌진할 때 가장 필요한 것은 나 자신에 대한 믿음이다. 자신을 믿지 못하는데 누가 나를 믿어주겠는가. 우리 사회는 남이 가지 않은 길을 택해서 성공하면 대단한 기업가로 인정해 주지만 만일 실패하면 천하에 몹쓸 사기꾼이 되어버린다. 이것이 세상 이치다.

어느 길을 택할 것인가? 해답은 남들이 다 가는 길을 가려 하지 말고, 남들이 가기 싫어하는 길을 먼저 용감히 가는 데 있다. 그 길이 설령 숲으로 가려져 보이지 않는다 하더라도 말이다.

상품을 넘어
새로운 산업을 창조하라

세상이 원하는 것을 미리 준비해서 장만 열어주면 된다.**

세계적인 여성전용 헬스클럽인 커브스^{curves}는 건강하고 행복한 여성들의 삶을 만들겠다는 목표로 '30분 순환' 운동을 만들었다. '나 자신을 찾는 30분, 여성들만의 신나는 운동 공간'이라는 캐치플레이를 내건 커브스는 기존에 있던 피트니스 센터에서 오직 여성에게만 집중하여 기존의 헬스클럽과 차별화되는 비즈니스로 성공했다. 헬스클럽을 이용하는 여성들의 불만 중 하나는 지루함이었다. 커브스는 고객들의 불만족스러운 점을 찾아내어 지루한 공간이 아닌 즐겁고 행복한 시간을 보낼 수 있는 공간으로 바꾸었다. 근력운동과 유산소운동의 사이클을 기존 피트니스 센터에 접목시켜서 새로운 산업으로 탄생시켰다.

새로운 비즈니스를 탄생시킨 사례를 통해 새로운 비즈니스를 구상하거나 현재 하고 있는 비즈니스에 적용할 만한 것은 없는지 살펴보자.

호주 멜버른은 매년 'MICE' 대회로 바쁘다. 'MICE' 산업은 회의^{Meeting}, 포상관광^{Incentives}, 컨벤션^{Convention}, 전시회^{Exhibition}의 머리글자를 딴 것으로, BT$^{Business Travel}$ 산업으로 불린다. B2C 개인관광산업이 아니라 B2B 산업관광산업인 셈이다. 올해 멜버른 시는 박람회장을 6만m^2 이상 확장하는 공사를 벌이는 등 각국에서 온 관계자들을 관리하는 일에 즐거운 비명을 지르고 있다. 해마다 박람회를 여는 호주 멜버른에는 55개국 800여 도시가 각자의 부스를 차려 자국에 관광객을 유치하기 위한 전쟁을 벌이고 있다. 개인관광이 아닌 비즈니스 관광산업을 새롭게 개척하는 첨병인 MICE를 통해 호주 멜버른은 달러벌이에 나서고 있다. 그야말로 장만 열어주면 되는 셈이다.

이탈리아 북부 공업도시 토리노는 100년 넘게 시민들을 먹여 살렸던 '피아트^{fiat}' 제조 공장으로 유명한 도시이다. 토리노는 새로운 성장동력으로 '슬로푸드'를 채택하여 매년 이곳에서 대회를 열고 있다. 지난 1986년 맥도널드가 로마에 문을 여는 것에 대한 반발로 태동한 슬로푸드운동을 공식 대회로 만든 것이다. 대회가 시작하기 전부터 도시 외곽까지 50여 개의 호텔이 전부 예약이 끝나는 진풍경이 벌어진다. 슬로푸드 본부는 자신들의 영향력을 크게 하기 위해 유럽 중심에서 아시아, 아프리카로 확산하려는 움직임이 빠르다.

　세계적인 베스트셀러《연금술사》를 쓴 브라질 작가 파울로 코엘료 때문에 유명해진 길이 있다. 이른바 '산티아고 길'이다. 프랑스의 생장피에르포르에서 스페인의 산티아고 데 콤포스텔라 대성당까지 700km에 이르는 길이다. 이 길이 유명한 이유는 종교적인 이유겠지만, 이를 관광상품으로 만들어 세계 각국의 순례자들의 행렬이 꼬리에 꼬리를 물도록 만든 관광상품으로 변했다. 코엘료에 따르면 그가 맨 처음 이 길을 걸었던 1986년 산티아고 순례자는 연간 400여 명 정도였다. 그렇지만 현재 이 길은 매일 400명이 넘는 순례자와 관광객으로 넘쳐난다.

　우리나라는 제주도에서 '올레' 길을 기획해서 진행하고 있다. 자신의 고향을 전 세계에 알릴 수 있는 방법을 찾아보자. 시를 통해서, 소설을 통해서 가장 경쟁력을 지닌 고향을 알려보자. 자연을 닮은 천연의 섬 제주도에서 '올레' 길을 걷다보면 뭔가 많은 생각이 차분히 정리되는 느낌이 오리라 생각한다. 이외에도 우리나라에는 정말 걷기 좋은 길이 많음에도 불구하고 아직까지 모르는 것은 지자제를 집행하는 분들이 자신의 강점을 모르기 때문이다.

　반만년 역사를 지닌 우리나라는 세계적으로 유명한 관광명소로 만들 수 있다. 일본에는 지방 곳곳마다 문화와 특화된 캐릭터 상품을 개발하여 스토리를 그럴듯하게 만들어 전파하고 있다. 우리 역시 일본 못지 않은 출중한 문화와 전설과 캐릭터가 있다. 지방마다 숨어 있는 전설과 문화를 현대적으로 재해석하여 재미있는 스토리로 만드는 것도 관광 비즈니스의 주요 전략이다.

　문화를 빼놓고 비즈니스를 생각할 수 없다. 특히 '창조도시'를 만들고 싶다면 문화재 탐구가 선행되어야 한다.

동시에 여러 라인업은
위험하다

가장 최초의 라인업 이후, 동시 다발적으로 브랜딩하지 마라.

내가 처음 개인 사업을 시작했던 소호물산은 힘을 받지 못하고 허망하게 문을 닫아야 했다. 결혼답례품을 납품하는 회사로 업의 개념을 정하고 열심히 했지만 결국 성공하지 못했다. 그후 타이거마케팅이라는 온라인 비즈니스로 다시 사업을 시작했다. 새로운 비즈니스를 시작하면서 의욕이 넘쳐 여러 개의 라인업을 동시에 진행하였다. 가장 먼저 한 일은 사무실을 서울의 중심가로 옮기고 직원도 여러 명 뽑으면서 공격적인 자세로 임했다.

　　기업체 특판으로 '타이거마케팅'을 라인업의 중심에 두고, 결혼 답례품 중심의 '타이거웨딩', 여행용품 중심의 '타이거힐' 등을 동시에 진행하는 것을 시도했다. '타이거마케팅' '타이거웨딩' '타이거힐' 등의 사업은 모두 온라인 쇼핑몰 사업으로 먼저 진행하려고 했다. 하지만 이리저리 뛰어다니며 여러 가지 사업을 동시에 진행하려다 보니 일은 진척도 안 되고 오히려 업무만 쌓여가는 악순환을 만들고 있었다. 모든 일은 순리대로 풀어야 하는 법인데, 이때에는 하루 16시간 근무를 목표로 하고 잠자는 시간을 제외하고는 일에 미쳐 있었다. 하지만 그 결과를 보면, 욕심이 화를 불렀다. 게다가 일 욕심이 많아지면서 노하우가 없는 분야로까지 확장하려다 더 힘들어졌다. 대부분 창업을 하면 사장들은 특히 더 짧은 시간 내에 많은 성과를 올리기 위해 낮밤을 가리지 않고 일에 몰두한다. 나도 실패의 경험이 여러 번 있었지만 주변의 중소 규모의 사장들을 보면 처음부터 실패할 것이 빤한 일을 하는 경우도 참 많이 본다. 이는 어쩌면 나를 포함한 대부분의 중소기업 사장들이 겪는 통과의례인 듯하다.

　　맨 처음 세운 라인업 전략 성공 이후에는 어떻게 할지 전략을 세워놓았는가? 절대로 시간을 거스르는 어리석은 결정을 해서는 안 된다. 자금 부족과 시간 압박에 시달리는 중소기업 운영에서는 무리수를 두어 동시에 여러 사업을 전개하는 일은 가능한 한 하지 말아야 한다. 처음부터 업의 개념을 확실히 세운 뒤, 승부를 봐야 한다. 나 역시 타이거마케팅을 온라인 B2B기프트라는 사업의 업의 개념을 확고히 세웠다면, 이 한 곳에만 온 정신을 집중했어야 했다. 그렇지만 당시에 여러 개념의 사업을 동시에 진행하려다 보니 한 가지도 제대로 하지 못한 채 자금압박에 시달렸다. 이와 같은 상황이 지속되면 문제는 사장의 의사결정 과정에서도 실수를 할 확률이 커진다.

명확한 업의 개념대로 라인업을 하는 데 집중하고 또 집중하라. 자신의 능력은 그 후에 검증받아도 늦지 않다.

새로운 카테고리를
창조하라

카테고리는 같은 성질끼리의 묶음을 의미한다.

백여 년 전부터 형성된 유통업체의 카테고리는 크게 식품, 잡화, 의류 3가지로 분류할 수 있다. 이 3가지의 큰 줄기에서 세분화된 분류법이 지금까지도 사용되고 있다. 21세기인 현재에도 백여 년 전에 만든 카테고리를 그대로 사용해야 할까?

비즈니스에서 가장 중요한 '업'의 개념을 어떻게 규정하느냐에 따라 사업을 분류하는 방법과 후속조치가 달라진다. 그렇다면 유통업체의 상품 분류방식도 브랜딩에 따라 새롭게 재편할 수 있다. 시장은 점점 더 세분화되고 있다. 세분화된 마니아층은 기존 명문화된 카테고리로는 분류가 쉽지 않다 당연히 새로운 카테고리를 만들어내야 한다. 카테고리라는 단어에서 연상되는 이미지는 '분류'다. 하지만 더 정확하게 이야기한다면, '같은 성질끼리 묶어준다'는 의미가 맞다. 카테고리는 '분류'의 의미보다 같은 것끼리 묶는 '집합'의 의미다.

이에 따라 새로운 라인업 과정을 거치면서 소비자들이 쉽게 쇼핑할 수 있도록 새로운 상품군을 묶어주는 일이 필요하다. 기존 카테고리를 파괴함으로써 유통의 역사를 다시 쓸 수 있다. 그 시초는 당연히 브랜드를 만드는 것이다. 새로운 브랜드를 만드는 일보다 앞서는 것은 새로운 고객층을 발견하고 키우는 것이다. 자연 고객층을 새롭게 묶어주기 위해 브랜드가 필요하고 브랜딩 과정을 통해 새로운 카테고리가 탄생할 수 있다.

그렇다면 좀더 구체적인 예로 살펴보자. 세계 최상위의 이혼율과 세계 최하위의 출산율을 기록하고 있는 우리나라 가정이 점점 힘을 잃어가고 있다. 기업들이 단란한 가정을 위해 여러 종류의 상품과 서비스를 새롭게 개발했다면, 이런 종류의 상품군은 어떻게 분류해야 할까? 이에 따른 상품은 패밀리 컴포트(Family Comfort, 가정안락 상품군)라 할 수 있다. 혹은 '해피 패밀리 상품군'이라 분류할 수도 있다. 이는 행복한 가정을 만들고 유지하는 데 도움을 주는 상품군이다. 이와 같이 새롭게 분류하고 집합시키는 일은 새로운 브랜딩 전략을 통해서 가능하다.

새로운 트렌드의 출현과 쇠퇴를 반복하면서 시장은 새로운 소비군群을 탄생시킨다. 20세기 사회에서는 찾아볼 수 없었던 새로운 직업군이 계속 탄생하는 것과 같다.

요즘 휴대폰 수명은 평균 2년 정도다. 그렇다면 휴대폰을 전화기로 분류해야 할까? 만일 휴대폰이 전화기 카테고리에 있다면 사람들이 2년 이내에 전화기를 교체할 이유가 없다. 10대, 20대에게 휴대폰은 패션 상품의 하나다. 그들은 전화 품질이 떨어져서 새 휴대폰을 구입하는 것이 아니다. 그들에게 휴대폰은 패션상품인 동시에 자신을 표현해 주는 심벌이다. 이들에게 휴대폰은 전화기가 아니라 패션상품이다. 또 40대의 휴대폰은 비즈니스 상품에 포함시켜야 한다. 세대에 따라 상품 카테고리는 다르게 적용되어야 한다는 사실을 기억하자.

새로운 카테고리를 만들 때, 1퍼센트의 고객층을 찾아내 그들에게만 적용할 수 있는 새로운 상품을 브랜딩하라. 그렇게 되면 새롭게 만든 카테고리의 첫 번째 상품으로 강하게 인식시킬 수 있다.

새 카테고리는
적을 먹고 산다

새로운 카테고리는 기존 질서를 무너뜨릴 때 생긴다.

삼성그룹의 이건희 전 회장이 강조하는 '창조경영'의 골자는 한 명의 창조적 인재가 만 명의 보통사원들을 먹여 살리는 시대이다. 그래서 그런지 삼성그룹에서는 '세계 최초'를 향한 도전을 계속하고 있다. 그렇지만 대부분의 재벌기업은 잘 나가는 기업을 M&A라는 첨단기법으로 그룹의 몸집을 키우고 있다. '창조경영'보다는 '안전경영'을 선택한 기업은 무수히 많다.

원래 대부분의 사장들은 1차 라인업에 성공하게 되면 욕심이 생기면서 2차, 3차 라인업 대신 1차 라인업에서 성공한 안정된 브랜드를 그대로 가져오기를 바라는 심리상태가 된다. 이런 기업은 시장에서 2등에 만족하면서 살아간다.

그렇지만 선두기업을 갈망한다면, 선두기업의 생존전략을 잘 이해해야 한다. 21세기 선두기업은 새로운 카테고리의 지배자가 되지 않으면 안 된다. 즉, 브랜드를 유지하고 발전시키는 것보다 새로운 카테고리를 창조하여 선두기업으로 포지셔닝하는 것이 가장 중요한 경영자의 업무임을 잊지 말아야 한다.

여기서 중요한 법칙이 있는데, 이것이 바로 '새 카테고리는 적敵을 먹고 산다'는 법칙이다. 즉, 새로운 카테고리가 탄생하기 위해선 반드시 적이 필요하다는 법칙이다.

예를 들어보자. 팩스가 세상에 처음 나왔을 때를 생각해 보자. 팩스는 기존에 있던 무엇을 허물어뜨렸던가? 무역을 하기 위해선 난해한 텔렉스 용어를 배워야 했던 시절이 있었다. 그러던 것이 팩스가 탄생하면서 완전히 자유로운 세상이 된다. 이런 상황을 '새로운 카테고리 창조를 위한 필수 적敵 물리치기'라 한다. 또 다른 적이 나타나면서 새로운 카테고리가 탄생하게 된다. 팩스를 통한 무역 관행이 이젠 이메일로 대체되었다. 이젠 팩스를 통해 서신을 교환하는 무역업체는 찾아보기 힘들다. 세상에 새로운 카테고리를 창조하게 되면 그 영향력이 대단히 크고 대단한 부를 거머쥘 수도 있는 기회가 온다.

여기서 유의해야 할 점은 기회의 선점을 생각한다면 새로운 카테고리를 알리기 위해선 초기에 속전속결로 한 번에 알리는 것이 대단히 중요하다. 한 번에 알리지 못하면 기존 시장에서 버티고 있는 적에게 당할 수 있는 확률이 높아진다. 모든 성공한 새 카테고리 창조자는 한 번에 알리기 위해 대단한 홍보, 광고전략을 수립했다는 점도 잊지 말아라.

새 카테고리를 창조해낸 가장 위대한 최근의 사례는 단연코 애플의 '아이팟'이다. 이런 카테고리가 탄생하기 위해 적이 필요했다면, 이 적의 역할은 '워크맨'이다. 1979년 대형 카세트플레이어를 축소한 워크맨, 전 세계 젊은이를 열광시켰던 워크맨을 만든 '소니'. 그들이 단지 제품 개선 수준에 머물러 있는 동안 우리나라는 MP3의 신기술을 개발했고, 이러한 신기술에 새로운 카테고리를 만들어낸 선수는 미국 '애플의 아이팟'인 것이다. 새로운 카테고리를 통한 새로운 시장과 수익창출은 당신이 생각하는 규모보다 훨씬 커질 수 있다.

이러한 결과를 초래한 이유는 무엇일까? 우리에게는 새로운 카테고리를 만들어낼 수 있었음에도 불구하고 새로운 시장을 보지 못했다는 아쉬움이 남는다. 반면에 미국의 '애플'은 새로운 카테고리를 창조해낼 능력이 있었기 때문에 신기술을 개발한 우리나라의 기업과 희비가 확연히 엇갈리게 되었다.

우리가 다른 나라보다 강력한 경쟁력을 지니고 있지만 세상을 보는 눈이 발달하지 못해서, 새로운 카테고리를 창조해낼 능력이 모자라서 다른 나라에게 빼앗긴 선두자리를 이젠 탈환해야 할 때가 왔다. 우리의 반만년 역사는 그냥 앉아서 얻은 역사가 아니기 때문이다. 수많은 고난과 역경을 뚫고 얻게 된 역사와 문화의 우수성 속에서 자란 우리에게는 새로운 카테고리를 창조할 능력만 키운다면, 개인의 부富뿐만 아니라 엄청난 국부를 창출해 낼 수 있다고 나는 믿는다.

숨은 니즈를
관찰하라

제발 바꿔달라는 시장의 외침에 귀 기울여라.

요즘 가장 파워 있는 소비자 집단으로 여성을 꼽을 수 있다. 히트상품을 만들려면 여성을 먼저 공략하라는 원칙도 있지 않은가. 특히 그중에서도 주부 집단을 눈여겨봐야 한다. 하지만 아직도 주부들이 원하는 서비스나 요구를 무시하는 회사가 많다. 기업에서는 그들이 원하는 요구사항이 워낙 커서 못 들어주는 것이 아니라 애써 외면하고 있지는 않은지 생각해 볼 필요가 있다. 사실 주부들이 원하는 것은 아주 작고 단순한 데에서 시작한다. 작고 세심한 배려에도 눈물을 흘리고 감동을 할 줄 아는 이들을 챙기지 않고서는 어떤 고객도 섬길 수 없다.

오늘날 대부분의 소비는 여성들이 주도한다. 남자들이 일터에서 벌어온 월급을 갖고 소비를 하는 주체 세력은 당연히 주부집단이다. 그런데 이런 주부들이 원하는 서비스나 요구를 아직도 무시하는 회사가 있다면 되겠는가. 이들이 원하는 서비스나 요구사항이 커서 못 들어주는 것이 아니라 그들의 소리를 애써 외면하거나 들으려 하지 않는 기업에 문제가 있는 것이다. 주부들의 요구사항은 아주 단순하고 사소한 것이다. 아주 작은 배려에 눈물을 흘릴 준비가 된 주부집단을 향해 우리 기업들은 무엇을 하고 있는지 반성해야 한다.

주부들의 생활환경을 잘 관찰한다면 새로운 카테고리를 만들어 내는 것도 가능하다. 새 카테고리를 만든 다음 가장 먼저 포지셔닝하면 성공할 수 있다. 처음에는 큰 시장이 아니겠지만 틈새 카테고리만으로도 큰 파급효과를 불러올 가능성은 크다.

주부들은 어떤 상품을 원할까? 주부들의 생활패턴을 관찰해 보면, 진공청소기나 스팀청소기의 줄을 좀더 길게 만들 필요가 있다. 기존의 것은 줄이 짧아 방을 옮길 때마다 다시 콘센트를 꽂아야 하는 불편함이 있다. 평소 주부들이 생각하는 작은 불편함을 해결하는 상품을 내놓을 수 있다면 좋은 반응이 나타날 것이다.

또 여성들을 위한 전용 다이어리도 생각해 볼 수 있다. 일하는 엄마를 위한 시스템 다이어리를 기획할 때 가정용과 직장용 스케줄을 따로 적을 수 있는 분리형 다이어리가 있다면 어떨까?

주로 자녀의 책을 직접 고르고 사주는 역할도 엄마의 몫이다. 아이의 책을 살 때, 책의 무게 역시 중요한 고려사항이 된다. 출판사들은 괜히 고급 전략을 쓴다고 무거운 하드커버로 제작하여 엄마들로부터 외면받는 제품은 만들지 않기를 바란다.

경호, 경비, 안전관리 산업은 전 세계적으로 급속히 성장하고 있는 분야다. 세상이 날로 포악해지고 무시무시한 강력 범죄가 늘면서 신변 안전에 대한 관심이커지고 있다. 특히 여성들의 경우 위험에 더 쉽게 노출되지만 스스로를 지킬 수 있는 뾰족한 대책이 없다. 이러한 변화로 신변 안전산업의 성장 잠재력이 높음에도 불구하고 대표적인 기업이나 브랜드가 없는 이유는 무엇일까? 아직 개인 신변에 대한 대표 브랜드가 없다면, 당신이 직접 뛰어들어 가능성을 찾아보아라.

모든 히트상품은 고객의 불편, 요구에서 나온다. 이러한 고객의 요구에 새로운 사업의 기회가 있다. 늘 시장의 움직임에 귀 기울이고 소비자가 있는 유통에서 답을 찾아라.

비어 있는 시장을 찾아
공략하라

3년 후에 바뀔 세상을 상상하고 지금부터 준비하라.

얼마 전에 대통령이 우리에게는 왜 닌텐도 같은 상품이 없냐고 의문을 냈다는 기사를 읽은 적이 있다. 닌텐도 위를 한국에 정식 발매하는 행사에 참석한 닌텐도 사장의 말에서 왜 우리는 닌텐도 같은 상품이 없는지 살펴보자.

"닌텐도의 기본 철학은 독창성이고, 이것이 오늘날 성공을 이뤄냈습니다. 독창성은 다른 사람이 하지 않을 것 같고, 누구도 하지 않는

곳에서 가치를 발견하는 것이고, 이를 고객이 받아들이고 이해할 때까지 꾸준히 노력해야 합니다."

닌텐도는 아무도 알아주지 않는 것에 아랑곳하지 않고 지속적으로 노력한 결과 얻은 영광이다. 하지만 우리는 남의 눈치를 많이 보는 경향이 있다. 어려서부터 하지 말라는 교육을 많이 받고 자라서인지 눈치를 많이 본다. 그래서 남들이 좋아할 만한 일을 해야 하고, 남이 하지 않으면 나도 하지 않으려는 성향도 있고, 보통사람으로 남아 있기를 바란다. 남자의 경우, 특출 나고 싶은 욕망도 군대라는 조직을 다녀온 후로는 '중간만 가자'는 보통주의로 바뀌고, 어렸을 적 대통령이 꿈이던 사람이 커가면서 공무원이나 되자고 공무원 시험에 목숨을 거는 사회로 변질되고 있다. 초등학교부터 배우는 공교육은 보통사람이 되라고 가르치고, 조금만 눈에 띄면 무리에서 따돌림을 당하게 내버려두기도 한다. 그러니 이런 환경에서 어떻게 독창적이고 창조적인 인간으로 성장할 수 있겠는가.

매년 대졸 신입사원들이 대단한 경쟁을 뚫고 입사에 성공한다. 그들은 신입사원 연수를 가서 가장 먼저 해당 기업의 문화를 배우기 시작한다. 이때 최고경영자는 우리 회사는 창조적 인간을 좋아한다는 환영사를 한다. 그렇지만 모든 신입사원을 매스게임 하듯이 일사분란하게 단결시키는 것을 대단한 성과로 여기는 기업에서 과연 창조적 인물이 나올 수 있을까? 창의력과 창조력이 절대 필요한 오늘날 명품 브랜드와 초일류 히트상품이 나오지 않는 이유는 그 구조에 있다고 할 수 있다. 그렇지만 이에 실망할 필요는 없다. 이런 경직된 분위기에서 조금만 더 튀어도 스타로 떠오를 수 있는 기회는 많다.

비어 있는 시장을 가장 빨리 발견할 수 있는 방법으로 무엇이 있을까?

경제신문을 꼼꼼히 읽고 조달청, 중소기업청 홈페이지를 내 집처럼 드나들어라. 아침 지하철 주변에서 나눠주는 무가지 신문을 모두 모아서 훑어보는 것도 도움이 된다. 지금은 출근길에 무가지를 나눠주지만 또 몇 년 후에는 어떤 것을 나눠줄지 상상해 보라. 조달청, 여성부, 노동부, 행안부를 매일같이 들락거리다 보면 분명 지금 비어 있는 시장을 찾을 수 있다.

소비자를 가르치려 하지 말고
사랑받기 위해 노력하라

21세기 소비자는 생산자보다 더 많은 정보를 움켜쥐고 있다.

엄청난 정보로 중무장한 소비자를 아직도 훈계하듯 가르치려는 회사가 많다. "고객님, 이건 이렇게 하셔야 하구요, 저건 저렇게 하셔야 합니다…" 이런 걸 보면 고객을 마치 초등학생으로 취급하는 듯하다. 미국 광고회사 사치앤사치^{Saatchi&Saatchi}의 대표 케빈 로버츠는 "기업이 성공하기 위해선 소비자들에게 무엇을 가르쳐주거나 알려주려 하지 말고 사랑을 받으려고 노력해야 한다"라고 했다.

내가 꼭 당부하고 싶은 말은 제발 소비자를 가르치려 하지 마라. 지금의 소비자는 당신보다 더 많은 정보로 중무장한 상태이니 섣불리 덤볐다가는 당신이 먼저 무장해제를 당하기 쉽다. 특히 40~50대 주부 고객들은 조심하라. 그들은 24시간 내내 인터넷과 케이블 TV를 통해 온갖 정보를 입수하고 있다. 당신이 사무실에서 TV, 라디오와 동 떨어져서 헛발 차는 기획을 할 때, 이분들은 분야 전문가들이 멋지게 요약한 정보를 입수하고 분석하고 있다. 당신이 회의실에서 불필요한 탁상공론으로 시간을 허비할 때, 이들은 가정에서 직접 요리도 하고, 매장에서 쇼핑도 하면서 여러 가망 상품이나 서비스 중에서 제일 훌륭한 제안을 선택하고 있다. 이들은 보통 소비자가 아닌 온갖 정보로 중무장한 디지털 컨슈머다. 어느 상품이든지 벌써 비교, 검토를 끝내 놓은 그들이 오히려 당신의 마케팅 사부라 할 수 있다. 그런 소비자를 가르치려 들지 말고, 오히려 그들에게 배워야 한다. 늘 배우려는 자세로 고객을 대하는 것은 정말 중요하다.

소비자들에게 한 수 배우고 많은 정보를 얻으려면, 특히 기혼 여성들이 자주 방문하는 사이트에 들어가 사람들의 불평불만이 무엇인지 주의 깊게 관찰해 보라. 예를 들어, 주부 커뮤니티인 아줌마닷컴에는 AML이란 부서가 있다. '어드벤티지 마케팅 랩'의 약자로 주부들이 새로운 상품이나 서비스를 이용한 뒤 올리는 상품후기를 관리하는 곳이다. AML에는 7천여 명의 주부가 참여하고 있다고 한다.

오픈마켓을 운영 중인 회사 관계자들은 주부들을 끌어들이기에 여념이 없다. 오프라인처럼 주부의 눈에 들어야 매출을 올릴 수 있기 때문이다. 댓글이나 블로그 등을 통해 주부들의 불만이나 요구사항을 파악하기도 하고, 오프라인과 같은 고객평가단을 운영하기도 한다.

요즘 3~40대 주부들은 인터넷에 이상한 소문이 뜨면 순식간에 퍼뜨리고 상품 불매운동으로까지 연결시킨다. 다른 어느 세대보다 정보에 민감한 그룹이기 때문에 이들에게 당신이 제공하려는 상품이나 서비스의 차별화 포인트를 잘 설명해 주어야 한다. 주부들로부터 인정을 받아야 히트상품 대열에 들어설 수 있는 셈이다. 스팀청소기, 음식물처리기 등 대박 상품은 모두 주부들의 입소문 검증을 받아 합격한 상품이라는 것을 잊지 마라.

누누이 강조했지만, 어떤 사업을 하든 가장 먼저 해야 하고 또 절대 잊지 말아야 하는 것은 업의 개념이다. 그 업의 개념을 확고하게 정했다면, 목표 고객의 성격을 잘 정리하는 것이 중요하다. 그들을 멘토로 생각하고 그들로부터 각종 가르침을 받도록 하라. 제자가 스승의 일거수일투족을 배우러 쫓아다니듯이 목표고객의 궤적을 좇아 단서를 발견하라. 마치 형사 콜롬보가 트렌치코트를 입고 사건의 단서를 찾듯이 말이다.

시장을 움직이는 힘, 시장을 장악한 힘의 원천은 이미 바뀌었다. 그 힘의 원천은 제조업체에서 유통업체로, 그리고 이제는 소비자에게로 옮겨왔다. 당신이 일방적으로 만든 광고, 홍보 문구를 그들에게 사정없이 쏴댄다면 그 제품은 시장에서 곧 사라질 운명에 처한다. 상품 특성, 가격 등 형식적인 정보를 그저 일방적으로 전달하려 하지 마라. 대신 소비자들의 감성을 자극하고, 함께 참여할 수 있는 공간을 마련해 주어라. 특히 우리나라 소비자들의 경우에는 감성에 호소하는 전략이 유효할 것이다. 그렇기 때문에 스토리의 중요성은 점점 더 커지고 있다. 상품을 소개할 때도, 브랜드를 소개할 때도 감동을 주는 스토리 있는 메시지를 전달해야 한다. 여기에 한 가지 더, 우리나라 소비자는 약자에 한 표를 주려는 경향이 크다. 너무 강한 모습으로 다가가지 말고 조금은 약한 모습으로 다가가길 바란다. 우리나라 사람들은 약자에게 동정의 표를 한 표라도 더 주게 마련이다.

그리고 소비자 행동을 이해하기 위해서는 소비자 데이터에 훨씬 더 집중할 필요가 있다. 소비자들이 어떤 상품을 언제 얼마나 원하는지, 그리고 그 상품을 위해 얼마를 기꺼이 지불할 것인지 잘 예측해야 한다. 스타벅스는 3달러 50센트짜리 커피를 팔면서 고객카드와 이메일 커뮤니케이션을 통해 소비 패턴은 물론 신용카드 정보, 선호하는 음악에 이르기까지 각종 소비자 정보를 결집시켜 관리하고 있다.

고객의 정보를 수집하기 위해서는 묻고 또 묻는 지혜가 필요하다. 단, 너무 많은 질문을 하지는 말라. 심문 받는 것을 좋아하는 사람은 아무도 없다.

고객비용을 줄이는 것에
목숨 걸어라

**주는 것이 남는 것이다.
줄 수 있을 때 많이 주어라.**

당신이 매장에서 계산을 하려고 물건을 내밀었는데, 점원이 무표정하고 무관심한 얼굴을 하고 있다면 어떻겠는가? 혹은 10만 원 이상이면 사은품을 준다고 했는데, 영수증에 찍힌 금액이 99,500원이라는 이유로 10만 원에 해당하는 사은품을 못 받게 된다면 당신은 어떤 생각이 들겠는가?

대부분의 고객은 사소한 것도 아주 심각하게 받아들이는 경향이 있다. 일상에서 사소한 일로 마음의 상처를 입는 것과 마찬가지다. 만일 사은품을 주기로 했다면 많은 사람들에게 사은품이 골고루 돌아가도록 넉넉하게 인심을 쓰는 것이 좋다. 단돈 몇 백 원 때문에 고객의 마음을 상하게 하고 기업의 이미지까지 손상시키겠는가.

특히 백화점에서 사은품 행사를 많이 하는데, 그때 사은품을 지급하는 사람은 대부분 아르바이트생인 경우가 많다. 그들은 회사에서 내려온 지침만을 따라야 하기 때문에 유연성 있는 태도를 유지하지 못한다. 하지만 모두 사람이 하는 일이기 때문에 기계적으로 대응할 경우 문제가 생길 수 있다. 한국 사람들은 '정情'을 중요하게 생각하기 때문에 덤 마케팅이라 생각하고 오히려 고객에게 조금이라도 더 줄 수 있는 방법을 찾기를 바란다. 주는 것이 남는 것이다.

현재는 패밀리 레스토랑 업계의 표준 서비스가 된 '웨이팅 푸드 서비스waiting food service'도 아주 적은 비용으로 최고의 찬사를 받는 서비스다. 이는 손님들이 차례를 기다리는 동안 간단한 요리와 음료를 미리 제공하는 서비스를 말한다. 또 식사 전에 애피타이저로 먹는 빵을 식사가 끝나고 하나씩 포장하여 나눠주는 것도 작은 정성으로 큰 효과를 보고 있다. 이처럼 기업이 고객에게 더 주려고 할 때, 고객은 작지만 그 정성에 감동을 한다. 요즘 말로 하면 필feel이 꽂힌 것이다.

작은 정성으로 큰 효과를 얻기 위해서는 우선 고객 측의 비용을 미리 생각해야 한다. '고객 측의 비용'이란 해당 상품을 탐색한 후 소비하는 과정에서 고객이 부담해야 할 총비용을 말한다. 이 비용에는 고객이 직접 구매한 제품의 가격, 그 제품을 소비하는 과정에서 발생하는 유지비용, 그 제품을 폐기하기 위해 드는 비용 등을 합한 비용이 모두 포함된다. 그러므로 기업의 입장에서는 고객이 생각하는 비용 부분을 단순히 구입비용만 생각하지 말고 사전 상품정보 탐색비용, 사용에 따른 유지비용과 사후 처리비용까지를 감안하여 가장 적게 드는 접근방식을 통해 고객에게 정보를 전달해야 경쟁력을 가질 수 있다. 그러므로 21세기 디지털컨슈머를 위한 소비자가격 책정을 할 때에는 지금까지 하던 제조원가와 기본마진을 고려하는 방식에서 벗어나 고객 측이 부담하게 될 구매 후의 미래비용까지 감안한 가격책정을 써야 한다.

또한 기업은 고객의 비용을 절감시킬 수 있도록 많은 기법을 활용해야 한다. 당연히 고객에게 차별화된 서비스를 제공하면서도 회사비용은 줄일 수 있어야 한다. 미국에서 가장 빠르게 성장한 은행인 '커머스뱅크Commerce Bank'라는 회사가 있다. 이 은행이 기존 은행과 다른 점은 야간과 주말에도 영업을 한다는 것이다. 이러한 차별화 서비스에는 추가비용이 들지만 저금리 제공으로 해결한다. 즉, 고객은 편할수록 돈도 더 낸다는 얘기다. 그래서 '커머스뱅크'가 개점하는 곳은 지역주민으로부터 열렬한 환영을 받는다.

스타벅스에서 커피를 주문하는 방법도 알고 보면 고객의 비용을 줄여주고 더 나아가 회사의 비용을 줄이기 위한 것이다. 주문할 때 쓰는 용어와 순서를 매뉴얼로 잘 만들어놓았다. 고객이 주문을 하면 이를 받는 직원들은 큰 소리로 반복한다. 매뉴얼대로만 하면 실수로 인한 재주문 확률이 낮아진다. 이는 결국 빠른 서비스로 이어진다.

고객들이 무엇을 원하는지 잘 살펴야 한다. 고객의 경제적, 시간적 비용을 줄여주는 것, 이것이 미래 기업 경쟁력 중 하나이다. 21세기 비용의 개념 중 가장 중요한 것이 바로 '시간'이라는 요소이다. '시간'의 귀중함은 누구나 다 잘 알고 있다. 자신의 시간이 귀중하다면 다른 사람의 시간도 귀중한 법이다. 남의 '시간' 뺏는 것을 아무것도 아닌 것처럼 생각하는 비즈니스맨이 있다면 당연히 일류가 되기 힘들다. 고객의 시간을 귀중히 생각하고, 행동하라. 어렵게 전철 타고, 버스 타고 반품하러 왔는데, 취급 규정에 없다고 고객에게 매몰차게 대하지 말라. 당신의 시간이 귀중한 만큼 고객의 시간을 더 귀중히 관리해라.

저 멀리에서부터 오는
트렌드를 읽어라

트렌드는 세상의 흐름이다.

복잡하고 경쟁이 치열한 요즘의 시장에서 성공하려면 어떻게 해야 하는지 묻는 예비 개인사업 창업자들이 많다. 정답은 간단하다. 트렌드에 맞는 상품을 남들보다 반 보만 먼저 시장에 내놓으면 된다. 그런데 문제는 이것이 말처럼 쉽지 않다는 데 있다. 설령 본인이 그 트렌드에 맞는 상품을 찾아내 가장 먼저 시장에 내놓는다 하더라도 어떻게 알릴 것인가 하는 문제와 부딪힐 수밖에 없다.

문제를 해결할 수 있는 가장 좋은 방법은 해당 분야의 최고 프로에게 일을 맡기는 것이다. 해당 분야의 최고 프로를 찾아내는 일이 바로 당신이 해야 할 일이다.

계속 변하는 시장에서 '트렌드'를 아는 것은 중요하다. 하지만 아직까지 트렌드에 대한 정확한 정의와 개념이 제대로 서 있지 않아 혼동을 주기도 한다. 각 분야의 전문가들이 나와서 '트렌드란 이런 것이다'라고는 하지만 아직까지 일반인들에게는 어려운 영역인 듯싶다. 트렌드는 한 마디로 '세상의 흐름'이라 할 수 있다.

그런데 트렌드인 세상의 흐름을 일반인들은 왜 쉽게 감지하지 못하는 것일까? 트렌드는 심해에서 서서히 밀려오는 쓰나미와 같기 때문이다. 쓰나미는 대양의 해저로부터 시작되어 해안가로 다가오는데 해안가에 도착하고 나서야 관측이 가능하다. 이처럼 트렌드가 사람들의 입에 오르내리게 되면 트렌드는 이미 거대한 쓰나미로 변한 상태이다. 트렌드는 어느 날 갑자기 나타나서 어느 누구도 예측할 수 없는 어떤 현상을 예측하는 것이 아니다. 지금 일어나고 있는 현재진행형으로 앞으로 어떤 영향을 끼칠지 큰 흐름을 읽어내는 것이 중요하다. 트렌드를 잘 꿰뚫어볼 수 있으면 미래에 대한 준비를 할 수 있다. 나무만 보는 것이 아닌 전체 숲을 보는 것과 같다.

하루하루 발생하는 작은 매출에 연연해하지 말고 전체 시장을 보는 눈을 키워야 한다. 글로벌 시장의 비즈니스 상대는 내국인에 그치지 않고 외국인까지 고려해야 한다.

시장에 상품을 내놓는다면 그로 인한 파생시장이 커지게 되어 있다. 자신의 경제력을 바탕으로 투자할 수 있는 범위 내에서 새로운 시장 트렌드를 만들어간다면 행간을 읽고 남보다 반 보 앞서갈 수 있다. 결코 서두를 필요도 무리할 필요도 없다. 사업을 무리하게 확장하려고 남의 돈을 끌어들여 부채비율을 높인 상태에서 사업을 시작하지 않는 것이 요즘 같은 불황기에는 최선의 방법이다. 특히 사채를 끌어들여서까지 사업을 운영하는 것은 자신의 인생을 통째로 남의 손에 내주는 것과 같다.

트렌드를 읽으려고 노력하다 보면 미래의 가망성 있는 사업 아이템을 찾을 수 있다. 물론 트렌드를 보면 신규시장을 점칠 수 있지만, 기존에 먼저 포지셔닝을 한 경쟁사와 같은 업의 개념으로는 승부를 내는 것이 쉽지 않다.

예를 들어 설명하면, 한국에서 사업을 할 때 영어 관련 사업은 절대 실패하지 않는다는 말이 있다. 공교육이 제대로 작동이 안 되니 당연히 사교육 시장이 활성활 될 수밖에 없다. 최근에는 외국 자본까지 국내 교육시장에 투자하고 있다. 그렇지만 모든 사람이 영어에 관심을 갖고 있는 것은 아니다. 또한 부유층만 영어를 가르치지도 않는다. 여기에서 라인업 전략과 트렌드 사이의 괴리감을 발견할 수 있다. 즉, 트렌드를 살펴보면 영어 비즈니스는 성장 가능성과 매출 신장률이 높지만 기존 영어 비즈니스를 하고 있는 경쟁 업체와 같은 성격의 비즈니스, 즉 컨셉이 같은 비즈니스로 신규사업에 진입한다면 그것도 목표고객이 같은 고객층에게 똑같이 소구될 수 없다. 시장의 흐름은 존재하고 있지만 기존의 라인업과 차별화되는 전략을 세우는 것이 더욱 중요하다.

 그렇다면 요즘 한참 유행하고 있는 커피 비즈니스는 어떻게 될까? 커피 시장의 새로운 흐름을 만들어낸 것은 스타벅스다. 스타벅스는 기존의 커피산업 경쟁자들과는 달리 '제3의 공간'이라는 컨셉을 만들어 그 속에 155개의 종류의 커피를 고객의 입맛에 맞춰 선택할 수 있도록 고객을 만족시켰다. 하지만 이렇게 트렌드를 선도한 스타벅스도 요즘 뉴스에 많이 오르내리고 있다. 경영 악화로 미국 전역의 매장을 정리하고 있다. 게다가 맥도널드에서는 '맥카페'라는 저가의 커피 브랜드를 만들어 고가의 스타벅스를 공략하고 있다. 그렇다면 스타벅스는 실패한 것일까? 여기에 대한 해답은 시간이 말해 줄 것이다.

기후변화가
세상을 바꾼다

지금부터 쾌적한 인도어 라이프 세상을 준비하라.

유럽연합 정상들과 선진국에서는 지속가능한 지구를 위해 여러 조치를 취하고 있다. 이제는 이산화탄소도 마음대로 배출하면 안 되는 시대다. 온실가스 감축의무가 있는 사업장, 혹은 국가간 배출 권한 거래를 허용하는 제도로 배출 권한을 매매할 수 있는 기회를 부여함으로써 효율적으로 감축 목표를 달성할 수 있다. 이러한 기후변화는 세상의 돈의 흐름까지 바꾸고 있다. 지금을 새로운 에너지원 개발과 안전한 에너지를 창출하는 일 등 새로운 사업을 만들어낼 수 있는 기회로 받아들여야 한다. 단순히 돈을 버는 목적뿐만 아니라 후대에게 안전한 지구를 물려줄 수 있는 1석 2조의 사업이다. 이는 에너지나 환경 관련 산업에만 국한된 문제가 아니다. 기후와 전혀 상관없어 보이는 보험, 통신, 제약, 소매업, 부동산 등 전 산업분야에 영향을 미친다.

이상 기후 현상으로 통신 네트워크에 심각한 물리적 손상을 가져올 수 있다. 그렇게 되면 전 세계적인 통신 대란이 발생할 수 있다. 여기에서 멈추지 않고 통신업체들의 통신장비 손상에 따른 보험료 시장의 변화까지 예측해 볼 수 있다. 또 이상 질병으로 인해 의약 수요의 불균형이 생길 수 있다.

날이 갈수록 심각해지는 지구 오염으로 사람들은 환경에 민감해지고 있다. 소비자들은 환경을 고려하지 않은 제조사의 제품을 불매하는 등 강력한 의사표현을 할 것이다. 따라서 환경 재앙에 대한 준비가 된 기업과 그렇지 못한 기업의 명암이 분명 갈릴 것이다.

기후변화에서 주목해 봐야 할 업종 중 하나가 바로 보험업이다. 보험사에서 산업 리스크를 미리 산정하는 것은 결정적인 요소로 작용한다. 불확실성을 확실한 리스크 지수로 산출해 내기 위해 지금부터라도 보험업계 전체가 합심하여 준비해야 한다.

탄소 배출권이 의무화 되면 부동산 업계에도 큰 변화가 일어난다. 탄소 배출을 규제받기 시작하므로 지금부터 친환경 빌딩을 생각하지 않으면 안 된다. 또한 에너지를 절약할 수 있는 시스템을 갖춘 빌딩으로 신축하거나 재건축해야 한다. 소매기업들도 이러한 변화를 피해

갈 수 없다. 소매업체에서 판매하는 상품을 생산하고 운송하는 과정에서 탄소 배출을 줄이려고 노력하는 업체를 이용하려는 소비자들이 점점 늘어날 것이다. 에너지 절약을 통한 비용절감과 소비자로부터 호응을 끌어내는 소매기업만이 생존을 보장받을 수 있다. 만일 당신이 운영하는 업종이 이산화탄소를 많이 배출하는 사업이라면 업종 전환을 심각하게 고려해 봐야 한다. 또 지금 계획하는 제품이 환경에 배치되는 사업이라면 다시 생각해 봐야 할 것이다.

최근의 화두는 단연 그린, 청정이다. 녹색혁명에 동참하지 않는다면 성장 동력을 잃을 수 있다.

최근 삼성경제연구소에서는 이러한 기후변화의 시대에 맞는 새로운 비즈니스에 대한 발표를 했다. 기후변화에 따라 환경비용이 증가하고 규제가 심화되는 것은 위협 요인이지만 날씨 변화를 잘 활용하면 신사업을 개척할 수 있다는 것이다. 크게 네 가지 사업 분야를 소개하고 있는데, 첫째, 실내 공간 비즈니스다. 기후변화로 야외생활에 제약이 가해지면서 실내레저가 부상할 것이라는 이야기다. 야외 테마파크보다 지하 쇼핑몰, 돔구장, 실내 놀이공원이 각광 받는 세상이 될 것이다. 실내공간에서의 삶이 길어진다면 사람들은 쾌적한 생활을 원할 것이고 그러면 당연히 실내환경 조성 사업과 실내 인테리어 디자인 분야가 새롭게 떠오를 것이다. 아웃도어 라이프에서 인도어 라이프로 전환될 경우에 대비할 수 있는 라인업을 구축해 보라.

라스베이거스의 '베네시안^{Venetian}'리조트 호텔은 2007년 말 마카오에 똑같은 개념의 호텔을 건립하여 여러 나라의 관광객을 모으고 있다. 이곳은 실내 천정을 하늘처럼 만들고 수중 운하까지 만들어 이탈리아의 베니스를 연상시킨다. 카지노 외에도 컨벤션과 휴양, 쇼핑까지 가능한 복합 리조트 단지다.

둘째, 실내 환경 비즈니스다. 실내 공기, 온도, 습도를 적절하게 조절하는 사업으로 우기나 건기가 지속될 경우 옷장, 신발장, 어린이 방에 습도를 자동으로 조절해 주고, 집에서도 자연을 즐길 수 있는 자연을 닮은 조명과 센서 제품들을 계발할 수 있다.

셋째, 스트레스 해소 서비스다. 그렇지 않아도 날씨에 민감하게 반응하는 사람들은 침울한 날씨로 인해 받는 스트레스는 더 심해질 것이다. 음악, 놀이, 색 등을 이용한 우울증, 생활리듬의 불안을 치유하는 산업이 떠오르리라 예측할 수 있다.

넷째, 생활방수 서비스다. 수시로 비가 내리는 우기가 길어지면서 산책 등 짧은 외출에서도 예측하지 못한 비에 대비할 수 있도록 기능성 소재로 만든 옷가지가 인기를 끌 것으로 보인다. 당연히 햇빛 보는 날이 줄어들게 되면 삶이 단조로워지고 우울한 날이 많아지겠지만 그 속에서도 재미와 즐거움을 찾을 수 있도록 새로운 산업 라인을 구축해 놓는 것이 좋다.

사실 이렇게 미래를 예측해 보니 좋은 것보다 끔찍한 것이 사실이다. 하지만 우리가 원하든 원하지 않든 인간의 끝없는 욕심은 지구 환경을 재앙의 수준으로 내몰고 있는 것이 부인할 수 없는 사실이다. 기후변화와 더불어 지구 곳곳에서 일어날 물 부족 사태가 지구 곳곳에서 일어날 것이므로 이에 대한 대비와 함께 새로운 비즈니스를 지금부터 준비하는 사람에게 많은 기회가 올 것은 틀림없는 사실이다. 지구 곳곳에서 일어날 물 부족 사태에 대비한 새로운 비즈니스를 지금부터 준비하는 자만이 기회를 잡을 수 있다.

**세상의 흐름을 빨리 읽는 것보다
세상의 흐름을 제대로 해석하는 것이 중요하다.**

트렌드를 잘 간파해내기 위하여 나는 주로 다음과 같은 방법을 사용한다. 우선 시장의 흐름을 읽으려면 호기심이 많아야 한다. 모두가 당연히 여기는 것들에 대해 다른 방법이 없는지를 생각하는 습관을 들이는 것이 좋다. 사소한 예를 들어보면, 휴일에 올림픽대로를 가다보면 중간에 갑자기 도로공사를 하고 있다. 왜 대낮에 그것도 휴일에 공사를 해야 할까 하는 사소한 호기심도 좋다. 사소한 호기심에서 출발한 '왜'가 새로운 답을 줄 수 있기 때문이다.

평상시에 거리를 거닐면서 눈에 보이는 것 너머에 있는 새로움을 보는 것을 나는 좋아한다. 특히 사람들의 행동을 찬찬히 관찰해 보는 것을 즐긴다. 그렇다고 상대방을 뚫어져라 쳐다보는 결례를 하지는 않는다. 그리고 사람들이 나누는 대화에 귀를 기울인다. 거리에서 지하철에서 친구끼리, 연인끼리, 혹은 부모자식 사이에 나누는 대화를 듣다 보면 종종 새로운 아이디어가 떠오를 때도 있다. 사람들의 재잘거리는 소리에 귀 기울이면 자연 트렌드가 보인다. 싸이월드의 미니홈피는 사람들의 재잘거림을 온라인으로 가져온 것 아닌가. 최근에는 오픈마켓인 '11번가'에서는 쇼핑을 하는 사람들의 재잘거림을 들으며 소비자들의 성향을 파악할 수 있도록 채팅 사이트를 열어놓고 있다.

외국에 나가면 내 눈과 귀는 더욱 긴장하게 된다. 다른 사회, 다른 문화를 직접 볼 수 있는 귀중한 시간이기 때문에 모든 것을 눈에 담고 카메라에 담으려고 노력한다. 이런 경험들이 차곡차곡 쌓이면 시장의 흐름을 읽는 눈은 점점 더 밝아질 것이다. 해외여행을 할 때에는 가능한 한 혼자 떠날 것을 권한다. 대화는 잠시 잊고 자신의 내면과 충분히 대화를 하고 외국인과 자연스레 어울리고 그들에게 묻고 또 묻는 것이다. 국내에서 해보지 못했던 경험도 가능한 한 많이 시도해 보는 것이 좋다. 해외로 떠나기 전에 그 나라의 역사와 문화에 대해 철저히 공부하고 떠나야 한다. 어느 정도 문화를 알고 있어야 상대방과 교감이 가능하고 해외 시장을 더 깊이 이해하고 공부할 수 있다. 그리고 매사 사물을 거꾸로 보려 노력하고 새로운 도전을 즐긴다면 히트상품을 많이 만들 수 있는 확률은 분명 높아진다.

몇 년 전 나는 '돈 버는 투어'라는 여행 프로그램을 개발했다. 여행의 중심을 '문화'가 아닌 '경제, 돈 버는 방법'에 둔 새로운 개념의 여행이다. 외국에 함께 나가서 트렌드의 변화도 느끼고, 장사의 기술도 배우고, 사업에 응용할 수 있는 부분에 대한 컨설팅도 해주는 여행이다. 물론 국내에 있는 정보를 수집하고 가공하는 것도 중요하지만 해외에 나가면 국내에서 발견하지 못한 새로운 아이템을 발견할 수 있는 기회가 된다.

여행을 가기 전 두세 가지 새로운 비즈니스를 찾아내겠다는 각오로 떠나라. 머리를 식히는 여행이 아니라 사업 관련 정보를 가득 채워서 돌아오는 여행을 준비하고 떠나라. 명품 브랜드 사냥에 시간을 허비하지 말고, 비즈니스 정보 사냥을 하는 데 집중할 때 성공은 한걸음 더 다가온다.

세상의 흐름을 남보다 빨리 읽는 것은 중요하지만 더 중요한 것은 세상의 흐름을 제대로 해석하는 힘이다. 이런 힘은 저절로 생기지 않는다. 깊은 내공과 시장 너머를 읽을 수 있는 눈이 아직 부족하다면 전문가의 눈을 통해 보도록 하라. 그리고 조금씩 트렌드를 해석하는 자기만의 눈을 갖도록 훈련해라.

시끄러운 곳에
기회가 있다

한미 FTA 체결 이후의 세상을 미리 보라.

한-미 FTA 문제가 큰 사회문제로 부각되면서 온 나라가 시끌시끌해졌다. 도대체 무엇이 문제일까? 하지만 요란한 데에는 다 이유가 있을 것이다. 도시에 살면서 시끄러운 것을 싫어하면 돈 벌기는 틀렸다고 보면 된다.

세상 이치를 보면 시끄러운 곳에는 늘 이유가 있다. 전통시장이나 대형마트에서 간혹 사람들이 많이 몰려 있고 시끄러워 그 주변으로 가보면 한정 세일을 하고 있다. 만약 그 시끄러운 소음이 싫어 무심히 지나치면 돈을 절약할 수 있는 기회를 놓치는 것이다. 시끄럽다는 의미는 그곳에서 돈 벌 수 있는 기회가 있다는 것을 뜻한다.

한-미 FTA 역시 잡음이 많이 생기는 것은 그곳에 무한한 기회가 있다고 생각해 볼 수 있다. 그러므로 이제부터 미국 관련 뉴스에 귀를 기울여라. 한-미 FTA가 발효되면 미국 3억 명 인구에게 당신의 상품과 서비스를 팔 수 있는 기회가 온다는 의미다. 그야말로 나라의 문호를 연 조선말기 이후로 찾아오는 일생일대의 최대 기회라 보면 된다.

가장 큰 시장은 미국의 정부 조달시장이다. 연간 1조 달러 규모인데 1조 달러를 한화로 치면 1,500조 원 이상이 된다. 우리나라 한 해의 도소매 규모가 170조 원 정도이므로 우리나라에서 움직이는 상행위의 약 10배 정도의 규모이므로 엄청나게 큰 시장임을 알 수 있다. 미국 연방정부, 주정부, 지방정부에서 구매하게 되는 조달시장을 공략하기 위해서 지금부터 자료를 모으기 바란다. 아주 매력적인 시장임에 틀림없다. 무엇보다 매력적인 조항은 조달 입찰 때 미국 본토에서의 과거 실적을 요구하는 행위를 법으로 금지했다는 점이다. 당신이 잘 알고 있는 것처럼 우리나라에서는 조달업무를 하려면 과거의 실적이 없으면 아예 응시조차 못하는 실정이다. 그렇지만 미국이라는 더 큰 시장에서조차 미국에서의 실적을 문제 삼지 않는다고 하니 얼마나 매력적인 기회인가 알 수 있지 않은가.

나는 미국에 있는 210만 명의 해외교포를 위한 통신판매를 기획하고 있다. 해외교포들이 고국에 있는 친지나 친구들에게 보내는 선물을 제안하고, 또 그 반대로 고국에서 미국에 있는 가족에게 보내는 선물을 제안하는 통신판매 회사를 기획 중에 있다. 꾸준히 준비를 하다 보면 기회가 열릴 것이라 본다.

웰빙 요구르트로 국내에서 선풍적인 인기를 끈 '레드망고' 북미 최고경영자는 미국에서 부는 웰빙 열풍을 최대한 이용하여 웰빙 개념 + 아이스크림 개념의 사업인 '웰빙요구르트' 사업의 비전에 투자하여 수백만 달러의 자산가로 변신했다. 이 사업이 돈을 벌어주는 이유는 간단하다. 개당 마진이 좋다는 점과 웰빙 트렌드를 아이스크림에 넣었다는 점이다. 미국인의 식문화를 이해한다면 어떤 아이템에 승부수를 던져야 할지 쉽게 알 수 있을 것이다.

미국 로스앤젤레스에서 시작한 순두부 전문점인 '북창동순두부'는 웰빙 바람이 강하게 불고 있는 미국에 '두부'라고 하는 웰빙식품을 결합한 비즈니스다. 이 비즈니스를 이끄는 대표는 여사장으로 1989년 미국에 건너와 수업료를 벌기 위해 시작했던 순두부 사업이 본격적인 웰빙바람과 어울려 성공신화를 만들어냈다. 미국에 사는 우리나라 교포뿐만 아니라 중국계 미국인과 일본계 미국인을 모두 단골손님으로 끌어모으고 승승장구하는 기염을 토하고 있는 중이다.

사실 정확히 있는 그대로 말한다면 우리나라에는 미국 가서 장사할 사업 아이템이 정말로 많다. 물론 대부분의 한인교포들이 먹을거리 장사를 하고 있지만 아직도 미국인들을 위한 먹을거리 장사라고 하기에는 비즈니스적 감각이 모자란다. 우리나라의 먹을거리부터 정보기

술, 엔터테인먼트, 패션 등 우리가 갖고 있지만 세계인들은 모르는 사업 아이템이 정말 많다. 물론 한국식 접근이 아니라 아메리칸 스타일로 접근해야 성공할 수 있다.

진열하기 전에
그림을 먼저 그려라

**매장의 새로운 진열을 미리 그림으로
그려봐야 전체 흐름을 이해할 수 있다.**

매장의 상품 진열에도 경제학이 엄연히 존재한다. 최소의 비용으로 최고의 이익, 효과를 내는 것이 경제학의 목표다. 최소한의 노력으로 최고의 매출이익을 올릴 수 있도록 진열하는 것이 바로 진열 경제학의 목표다. 그러기 위해서는 각각의 상품은 궁합이 서로 맞아야 한다. 음식에도 궁합이 있듯이 매장 상품 진열에도 당연히 궁합이 존재한다.

대형마트 입구에는 모두 과일 코너가 있다. 과일은 계절의 변화를 가장 빨리 느끼게 만드는 대표적인 상품이기 때문이다. 매장에 들어서자마자 형형색색의 과일이 눈에 들어오면 소비자들은 자연스레 구매욕을 느끼게 된다.

조미료와 식용유 등 가공식품 매장은 주부들이 가장 많이 다니는 동선에 있다. 대부분 중앙 통로를 기준으로 크게 좌우로 나눠져 있는데, 반대편에 있던 주류를 주부들이 즐겨 찾는 상품 동선으로 옮겨놓는 것이다. 그 이유는 무엇인가? 대부분의 주부들은 가공식품을 구입하면서 주류를 구매하는 경향이 크기 때문이다.

매장에서의 제품 진열에는 저마다 이유가 있다.

요즘에는 제품군이 달라도 궁합이 맞는 상품을 나란히 진열하여 매출 극대화를 꾀한다. 예를 들어 양은냄비와 라면을 함께 진열해 놓으면 연상작용에 의해 매출이 두 배가 된다. 라면을 사면서 양은냄비도 동시에 구입하기 때문이다. 또는 자동차용품과 졸음방지 껌을 함께 진열하거나 혹은 만두 옆에 올리브유를 진열하는 식이다.

그렇다면 식초음료는 어디에 두어야 할까? 처음에는 식초음료를 식초 코너에 진열했다. 하지만 매출이 신통치 않아 생수 코너 옆으로 옮기고 나자 매출이 오르기 시작했다. 즉 식초음료의 특성상 적당한 비율로 물에 희석시켜 마시는 음용 식초의 특성을 활용함으로써 상품 궁합을 맞춘 것이다. 바로 '품'의 개념을 제대로 이해한 전략이다.

기저귀는 어디에 두어야 매출이 오를까? 상식적으로 유아용품과 함께 진열해야 한다고 생각할 것이다. 하지만 기저귀는 맥주 옆에 진열하는 것이 좋다. 월마트에서는 아내의 부탁으로 퇴근길에 기저귀를 사기 위해 마트에 들른 남자들의 심리를 이용해 진열해 놓았더니 매출이 늘었다. 또한 대부분의 케이크 매장에는 와인을 함께 진열하여 판매하고 있다. 누군가의 생일을 축하하기 위해 케이크를 사면서 와인도 함께 구입하는 심리를 이용한 것이다. 이처럼 매장에서는 궁합이 잘 맞는 상품에 대한 연구를 계속하고 있다. 진열에 따라 매출이 요동치는 유통시장에서는 당연한 일이다.

제품을 출시하는 것부터 매장의 진열 그림까지 그려야 하는 것이 매장을 관리하는 담당자가 해야 할 일이다. 이는 오프라인 매장에서만 적용되는 것이 아니다. 온라인 매장에서도 고객들이 자동으로 연상할 수 있는 배열을 통해 자연스럽게 추가 구매로 이어지게 해야 한다.

고객의 구매동기는 우선 직접 눈으로 볼 때 생긴다. 자신이 생각하지 못했던 신제품 정보, 패션 트렌드를 최초로 얻는 것은 시각이다. 보기 좋은 떡이 먹기도 좋다는 말처럼 우선 시각적으로 고객을 만족시켜야 한다. 그러나 보기 좋은 진열은 결코 쉽지 않다. 가는 고객의 걸음을 붙잡고 적극적으로 구매로 이어지도록 할 수 있어야 한다. 그러기 위해서는 어떻게 해야 할까?

첫째, 반드시 테마가 있어야 한다. 팔려고 하는 상품을 원칙 없이 무작정 진열해서는 안 된다. 상품을 통해 고객에게 스토리를 전달할 수 있어야 한다. 스토리 전달 없이 무의미한 진열은 그야말로 김 빠진 맥주와도 같다. 테마를 잡고 그 테마를 스토리에 따라 전개되도록 프레젠테이션을 하는 것이다.

둘째, 대표상품을 꼭 선정해야 한다. 지금까지는 상품을 진열하면 고객이 고르는 시대였다. 그러나 이제부터는 고객에게 이 상품이 지금의 패션이며, 이 상품을 당신이 자신 있게 권한다고 적극적으로 알리고 표현해야 한다. 단, 같은 상품을 2주 이상 계속 진열하는 것은 바람직하지 못하다. (패스트패션의 대표적인 의류 브랜드 '자라' 매장에서도 2주 이상 같은 디자인의 상품을 판매하지 않는다.)

따라서 변신은 여기서도 필요하다. 스포츠에서도 스타선수를 중심으로 스포츠를 관전하는 묘미가 배가되는 이치와 같다. 대표상품을 중심으로 꼭짓점 댄스를 추듯이 진열을 해보라. 가장 기본적인 진열방식이 대표상품을 중심으로 삼각형 모양으로 진열하는 것이다. 그러면 매출이 쑥쑥 올라가는 것을 느낄 수 있을 것이다.

셋째, 진열은 정보를 제공할 수 있어야 한다. 이 매장에서는 어떤 상품을 팔며 가격이 얼마인지 고객이 알고 싶어 하는 정보를 쉽게 알려주는 장소이다. 고객이 가장 알고 싶어 하는 것은 무엇일까? 당신의 매장에 주로 오는 고객이 가장 알고자 하는 정보를 가장 극적인 방법으로 알릴 수 있는 방법에 대해 연구하라. 정보 제공이 아닌 상품진열이라면 재고해야 한다.

넷째, 사용하고 있는 상황을 즉석에서 보여주어라. 가구나 가전의 경우에는 사용하는 주 고객층의 방 혹은 사무실을 직접 연출하는 것이 필요하다. 직접 연출하는 것을 보고 고객이 직접 상상하고 즐길 수 있도록 도와주어라. 가장 잘하는 업체 중 하나가 이케아 매장이다. 그곳에 가면 작은 드라마 세트처럼 사용하는 상황이 디스플레이 되어 있다.

다섯째, 매장 이미지를 소중히 하라. 좋은 매장이라는 이미지는 소중한 것이다. 싼값에 팔더라도 '신뢰'라는 이미지는 결코 잃어서는 안 된다. 여러 번 강조했듯이 고객은 절대로 싸구려를 샀다는 구매태도를 보이고 싶지 않은 것이다. 좋은 점포에서 싸게 살 수 있다는 점을 고객은 바란다.

이상의 5가지 법칙은 모두 동시에 필요하며 그중의 하나만 결여되어도 고객은 실망하게 된다는 사실도 잊지 마라. 상품진열에서 의도한 것을 얼마나 잘 표현할 수 있는가는 최초의 기획과 작업 절차에 달려 있다. 5가지 진열의 법칙을 진행하는 과정에서 먼저 되어야 하는 작업은 사전에 '그림 그리기'다. 정해진 테마를 어떤 진열로 표현할 것인지를 그림으로 그려보아야 당신의 생각이 구체화되고 정리되는 느낌이 들 것이다.

그림으로 표현하는 요소는 진열 구성, 사용할 집기와 도구 선정, 관련 상품의 품명과 수량, 부속물의 사용유무, POP(매장판촉) 등이다. 이때 세부적인 것까지 정해두면 다음 작업을 더욱 쉽게 할 수 있다. 그림으로 보면 무엇이 얼마나 필요한지, 어떠한 진열 표현을 하면 메시지를 잘 전달할 수 있을지, 작업 절차를 어떻게 하면 단시간 내에 마칠 수 있을지 등을 알 수 있다. 이는 마치 드라마 세트를 완성하기 전에 드라마 세트를 미리 그림으로 표현하는 과정과 동일하다. 드라마를 찍을 때 세트장은 각본이 어느 정도 나오면 세트장의 기본 컨셉과 대형 소품들의 색감, 위치, 분위기 등을 디테일하게 그림으로 스케치한 밑그림을 갖고 회의를 한다. 매장 진열에도 이 과정은 꼭 필요하다. 매장의 새로운 진열을 미리 그림으로 그려보아야 전체 흐름을 이해할 수 있다.

진열 작업의 마지막 철칙은 "진열은 청소에서 시작되고 청소로 끝난다"라는 점이다. 아무리 훌륭한 상품이 진열되어 있어도 주변에 쓰레기가 버려져 있거나, 더럽혀져 있고 상품에 먼지가 뽀얗게 앉아 있으면 매력이 반감되고 만다. 상하 진열에서는 밑에서 위로, 좌우 진열에서 왼쪽에서 오른쪽으로 진행해 나가면 상대적으로 정리가 쉬워진다. 진열작업 시의 주의사항은 빈 상자나 빈 봉투, 진열상품 등이 주변에 흩어져있지 않도록 하며 작업을 하는 것이다. 그때그때 부지런하게 치우면서 작업을 하면 작업효율이 높아질 뿐만 아니라 상품을 소중히 다루게 된다는 점을 잊지 말고 습관화하라.

새로운 시장의
새로운 리더를
꿈꾸라

이제 당신은 유통 마케팅의 핵심을 익힌 셈이다. 오프라인 매장을 운영 중인 분들에게는 어떻게 하면 고객이 편안하게 쇼핑을 즐길 수 있는지에 대해 알 수 있을 것이며, 온라인 매장을 운영 중인 분들은 오프라인의 성공적인 진출을 모색하게 하는 계기가 되리라 본다. 이제부터 여러분은 유통 마케팅 전략과 전술을 스스로 만들어가야 한다. 국내뿐만 아니라 전 세계 고객을 향해 기획하고 집행하는, 크게 생각하는 글로벌 마인드를 갖도록 하자. 처음에도 이야기했지만 항상 목표를 크게, 더 크게 갖도록 노력하라. 우리 회사가 추구하는 목표는 단순히 최상의 서비스를 제공하는 것이 아니라 "전설적인 서비스를 창조하는 것"이라고 서비스의 목표를 정하라. 당신의 고객들은 정책을 원하는 것이 아니라 사람을 원한다.

"미안하지만 회사의 정책이 그러하므로 어쩔 수 없습니다"라는 말로 대화를 막지 마라. 고객들은 장기적인 관계를 원한다. 기회는 사물의 움직임과 불확실성 그리고 혼란으로부터 나온다.

다음의 사이트가 가진 공통점을 알고 있는가?

운동화 부문 : 풋로커 www.footlocker.com

아기용품 부문 : 베이비 R어스 www.babyrus.com

침구류 부문 : 베드 배스 앤 비욘드 www.bedbathandbeyond.com

도서류 부문 : 반즈 앤 노블 www.barnesandnoble.com

캐쥬얼 의류 부문 : 더 갭 www.gap.com

가전부문 : 베스트 바이 www.bestbuy.com

가구 부문 : 룸스투고 www.roomstogo.com

가정용품 부문 : 크리에이트 앤 배럴 www.crateandbarrel.com

보석류 부문 : 케이 주얼러스 www.kays-jewelers.com

외투 부문 : 윌슨스 레더 www.wilsonsleather.com

란제리 부문 : 빅토리아 시크릿 www.victoriassecret.com

메이크업 부문 : 세포라 www.sephora.com

매트리스 부문 : 슬리피 www.sleepys.com

남성정장 부문 : 맨스웨어하우스 www.menswearhouse.com

대형 의류부문 : 레인 브라이언트 http://lanebryant.charmingshoppes.com

미용실 부문 : 슈퍼컷 www.supercuts.com

구두 부문 : 페이머스 풋웨어 www.famousfootwear.com

스포츠용품 부문 : 스포츠 오소리티 www.sportsauthority.com

청소년의류 부문 : 애버크럼비앤피치 www.abercrombie.com

장난감 부문 : 토이즈R어스 www.toysrus.com

지하의 할인매장 : 월마트 www.walmart.com

아마 한번쯤은 다 들어본 회사일 것이다. 정답은 위의 회사들은 백화점에서 가지를 치고 나온 전문점들이다. 백화점이라는 큰 나무가 있다면 큰 나무에서 가지가 나와 독립을 한 유형의 전문점들을 모아 본 것이다. 또한 거의 대부분의 가지치기로 새롭게 출발한 회사는 개인 기업가들이 시작한 것이지 큰 회사들이 세운 것이 아니다. 위에 열거한 회사처럼 새로운 시장에 새로운 리더가 되길 바란다. 기존의 시장 말고도 21세기형 고객이 원하는 시장은 무궁무진하다. 여러분들이 우물 안 개구리처럼 머리를 땅에 박고 눈앞에 매출과 이익이나 신경 쓰는 것보다 이제는 눈을 들어 하늘을 보라. 여러분의 고객이 원하는 새로운 시장이 보이지 않은가.

특히, 앞서 강조했듯이 오픈마켓, 새로운 카테고리 사업, 코즈모 닷컴 등 인터넷을 응용한 비즈니스는 무궁무진하다. 오프라인과 온라인을 넘나들면서 만들어 가는 수많은 비즈니스는 당신의 몫인 셈이다.

한 회사의 장래, 더 나아가 유통 마케팅의 미래를 짊어지고 갈 당신의 앞길에 창창한 앞날만 있을 것이다. 더 넓은 시장을 바라보고 미래 비전을 함께 하는 동지들과 공유하면서 새로운 영역의 시장을 먼저 개척하라.

그래서 600여 회의 외침을 당하면서 단 한 번도 다른 나라를 침범해 본 경험이 없는 대한민국 역사에 새로운 역사를 만들어주기 바란다. 땅이라는 유한한 영토보다는 사이버 세상의 무한한 영토를 우리 대한민국의 영토로 만들어주길 간절히 바란다. 그리고 나는 '10만 바이어 양성'으로 중국 유통시장을 공략하자는 정책을 5년 전부터 구상했으나 아직 구체적인 액션을 취하지 못하고 있다. 이번 기회에 나와 뜻을 함께하는 이들이 함께 할 수 있는 계기가 되었으면 한다.

마지막으로 여러분들에게 부탁드리고 싶은 내용은 눈을 국내에만 머물지 말고, 해외시장으로 돌려 보는 기회를 갖도록 해 주시기 바란다. 최근에는 유통 대기업들이 앞을 다투어 해외 진출이 확대되고 있다. 이는 유통업과 무역업의 벽이 허물어지고 있기 때문이다.

유통업체들이 좁은 국내시장을 벗어나 해외로 나가는 것은 바람직한 현상이다. 특히 한-미 FTA이후에 지속될 FTA 세상에서 마켓의 선두로 가려고 한다면 해외 시장 공략은 당연한 도전이다. 대신 도전하려는 나라의 소비성향과 소득수준, 나아가 문화, 역사 등을 미리 파악해서 해당 시장에 맞는 상품과 서비스, 매장을 준비해야 한다.

이제부터 여러분이 만들어낼 새로운 세상의 새로운 리더를 위하여 건배!

유통만 알아도 돈이 보인다

초판 1쇄 발행 2009년 7월 13일
초판 3쇄 발행 2009년 9월 14일

지은이 김영호
펴낸이 김선식
펴낸곳 다산북스

PD 박경순
DD 김희림
다산북스 임영묵, 박경순, 김다우, 이혜원, 강선애
마케팅본부 민혜영, 이도은, 박고운, 권두리, 김하늘
저작권팀 이정순, 김미영
홍보팀 서선행, 정미진
광고팀 한보라, 김태수
디자인본부 최부돈, 김희림, 손지영, 조혜상
경영지원팀 김성자, 김미현, 이경진, 유진희
미주사업팀 우재오

출판등록 2005년 12월 23일 제313-2005-00277호
주소 서울시 마포구 염리동 161-7번지 한청빌딩 6층
전화 02-702-1724(기획편집) 02-703-1723(마케팅) 02-704-1724(경영지원)
팩스 02-703-2219
이메일 dasanbooks@hanmail.net
홈페이지 www.dasanbooks.com

필름 출력 스크린그래픽센타
종이 신승지류유통(주)
인쇄·제본 (주)현문

ISBN 978-89-6370-022-9(03320)